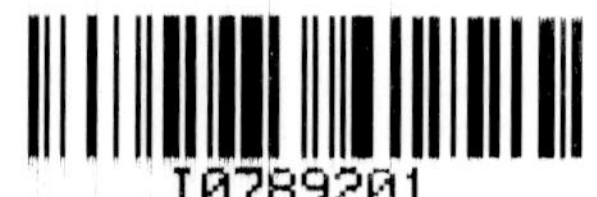

I0789201

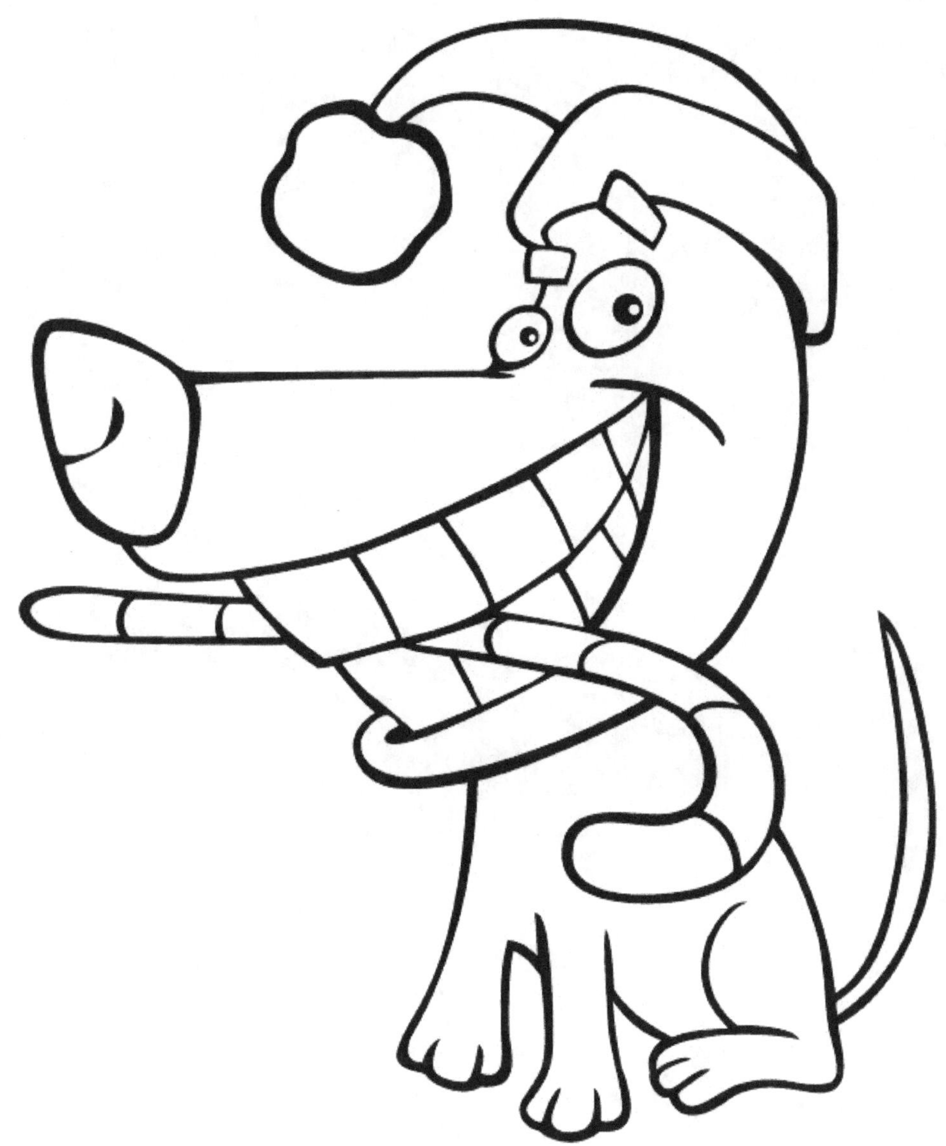

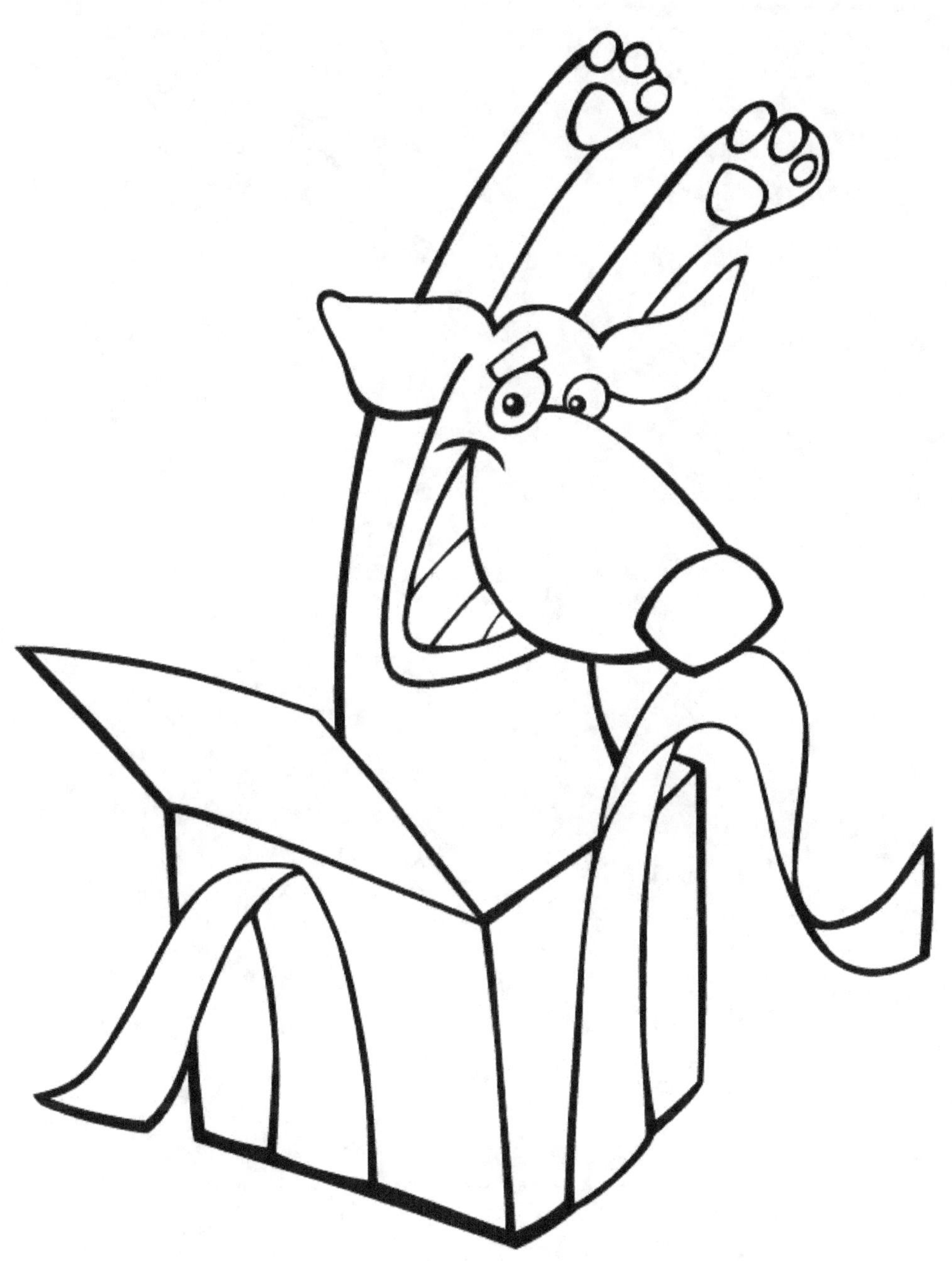

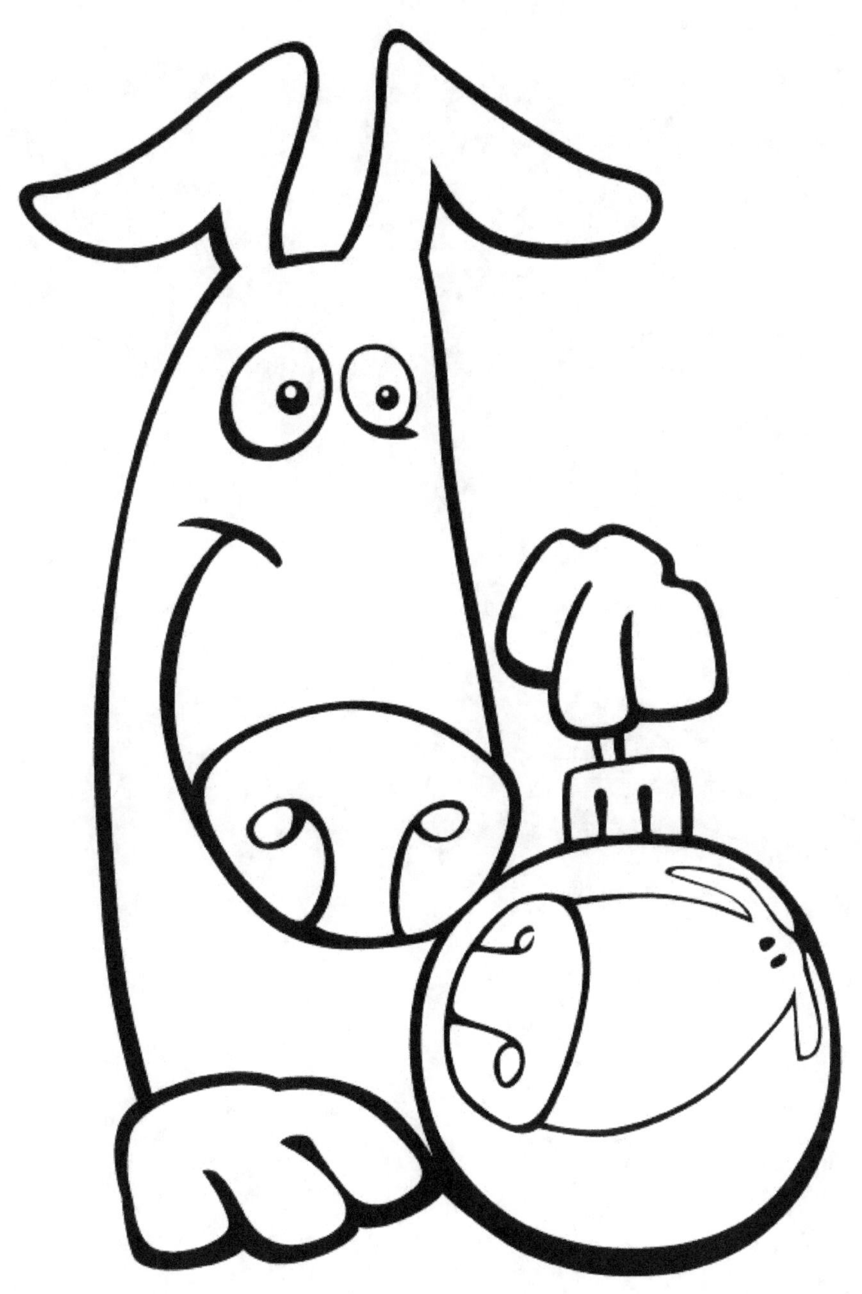

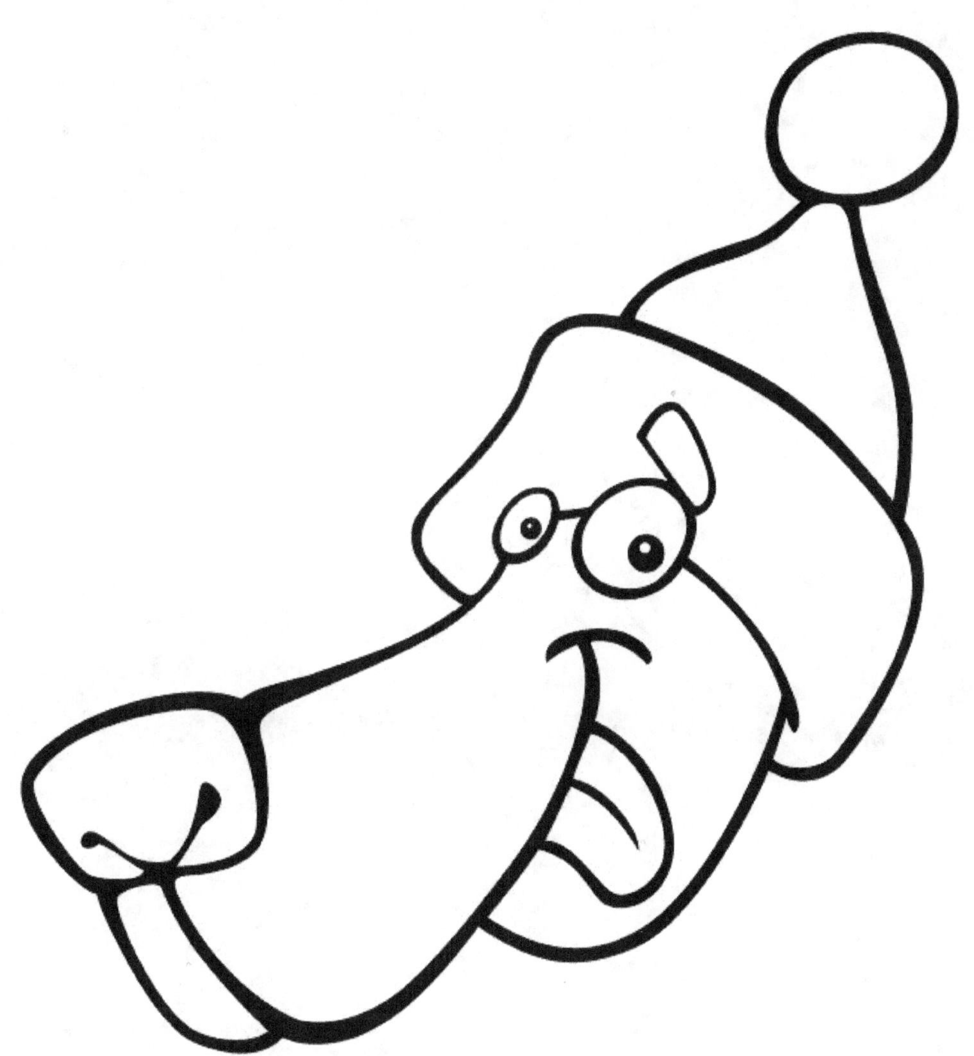

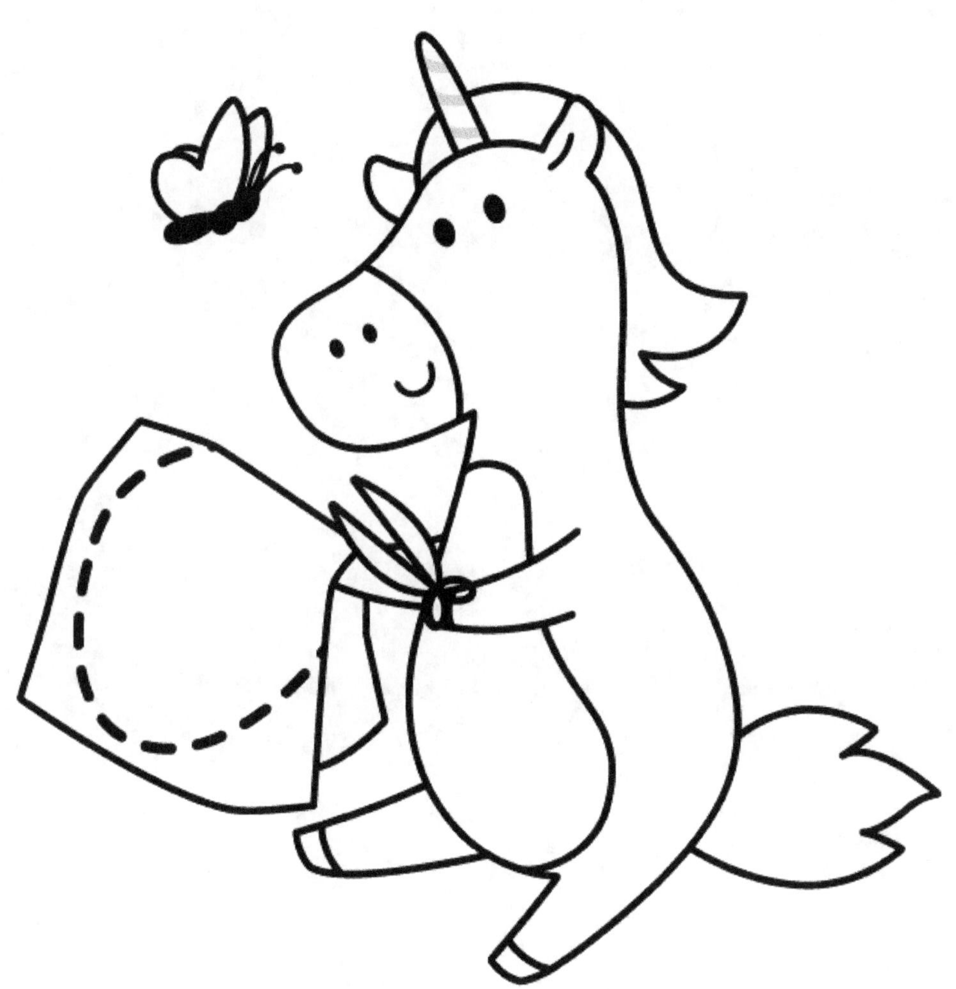

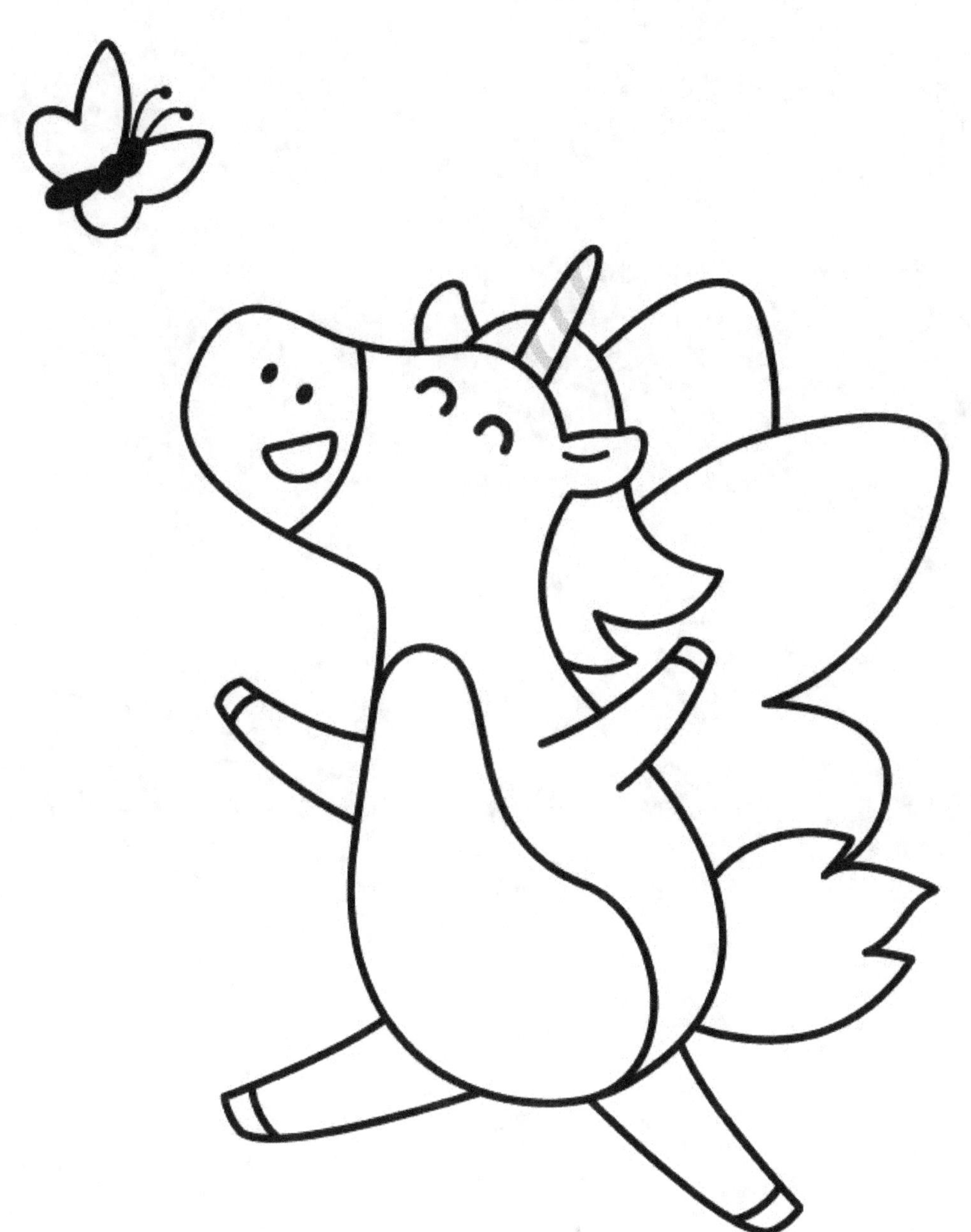

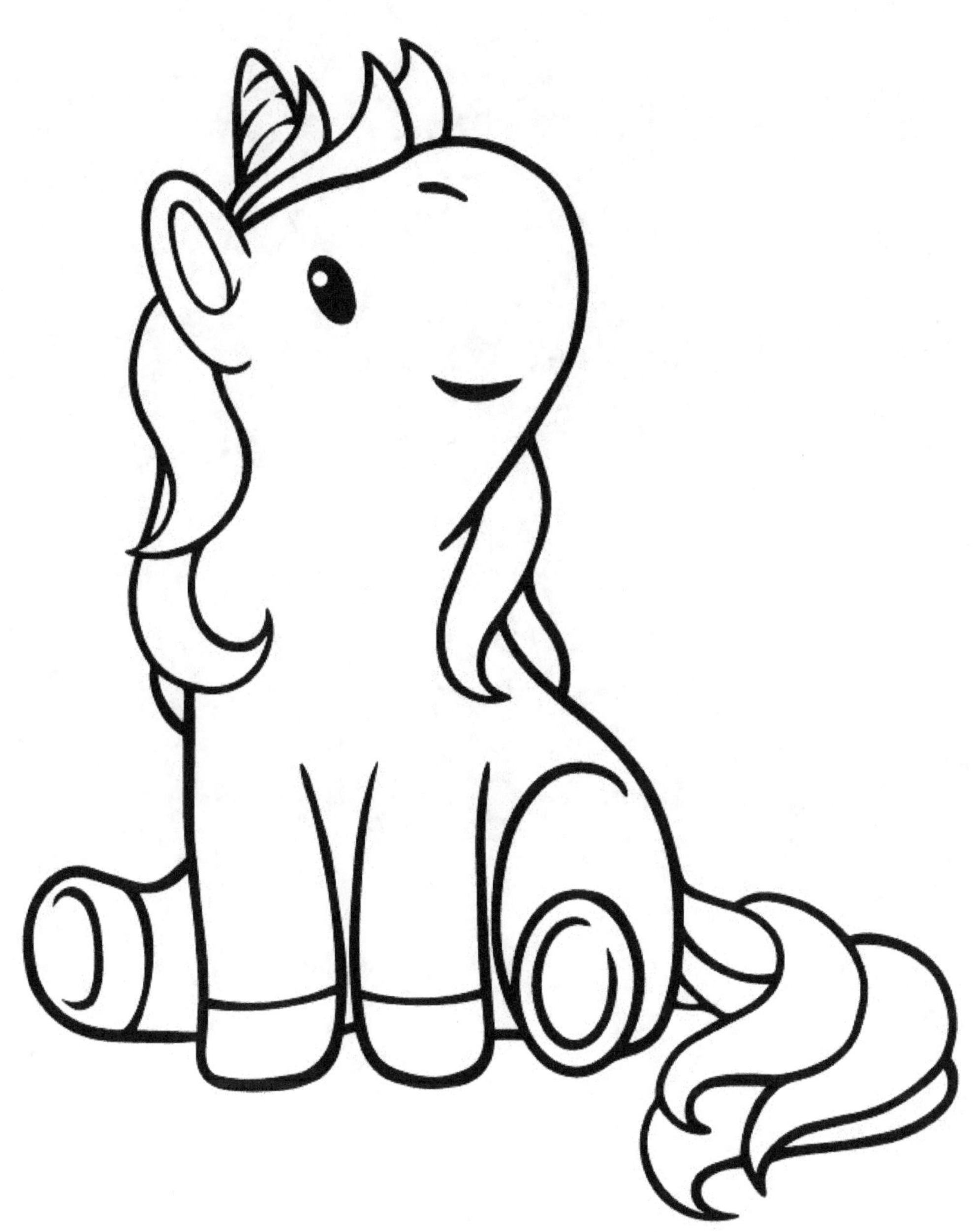

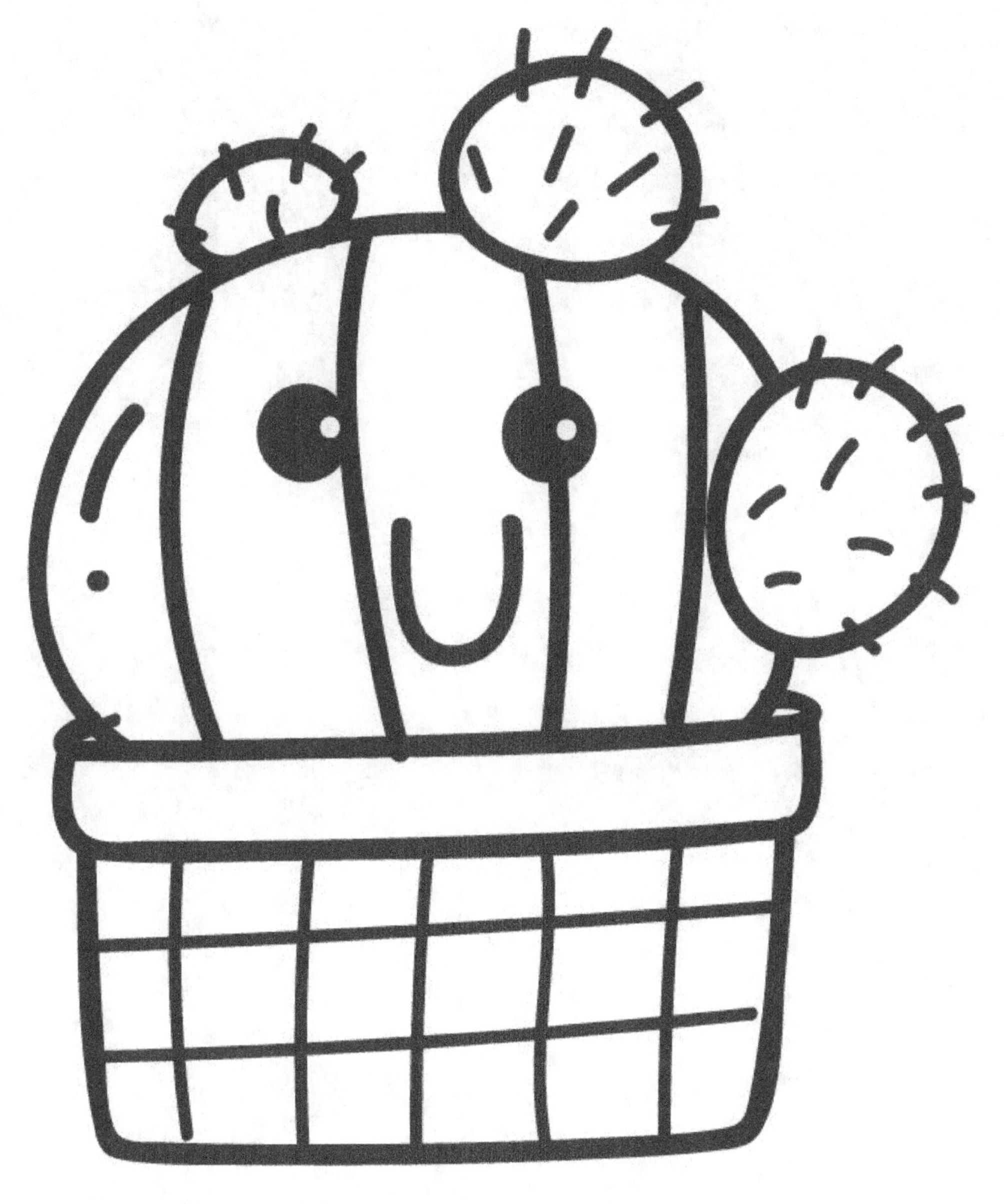

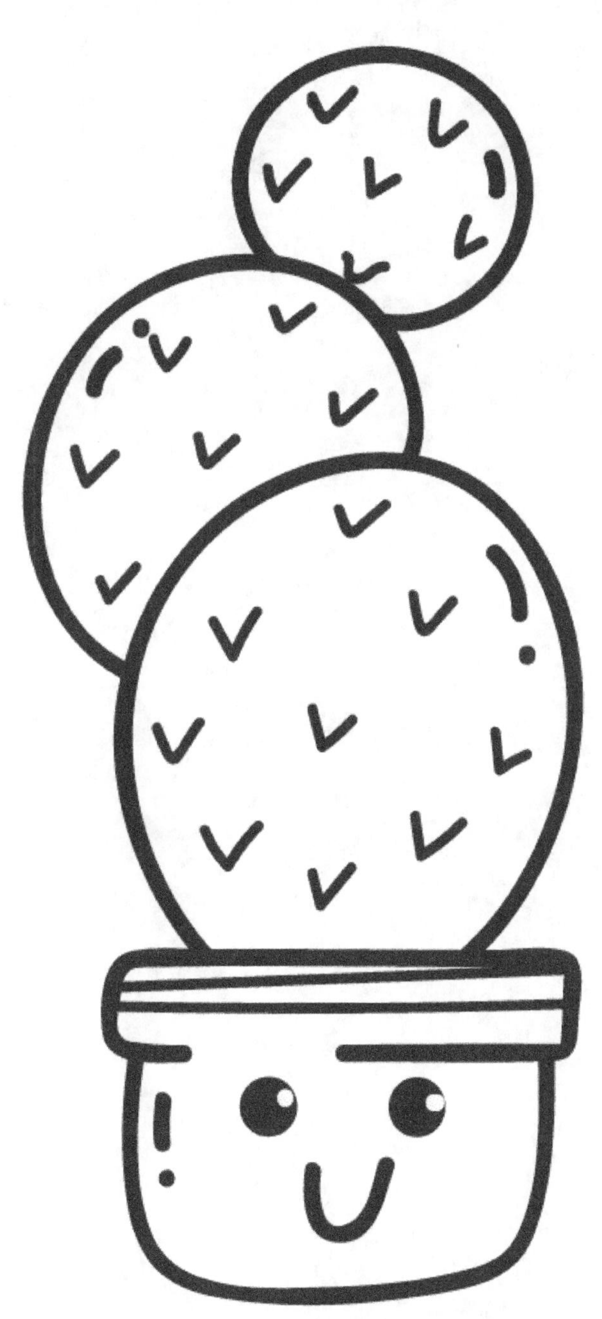

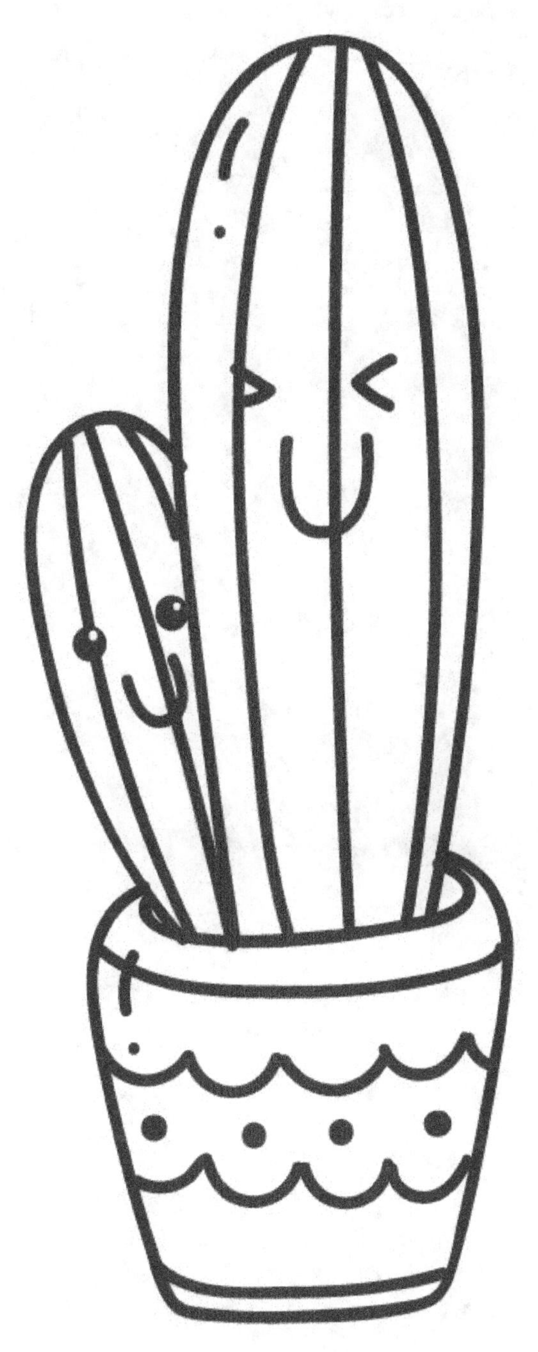

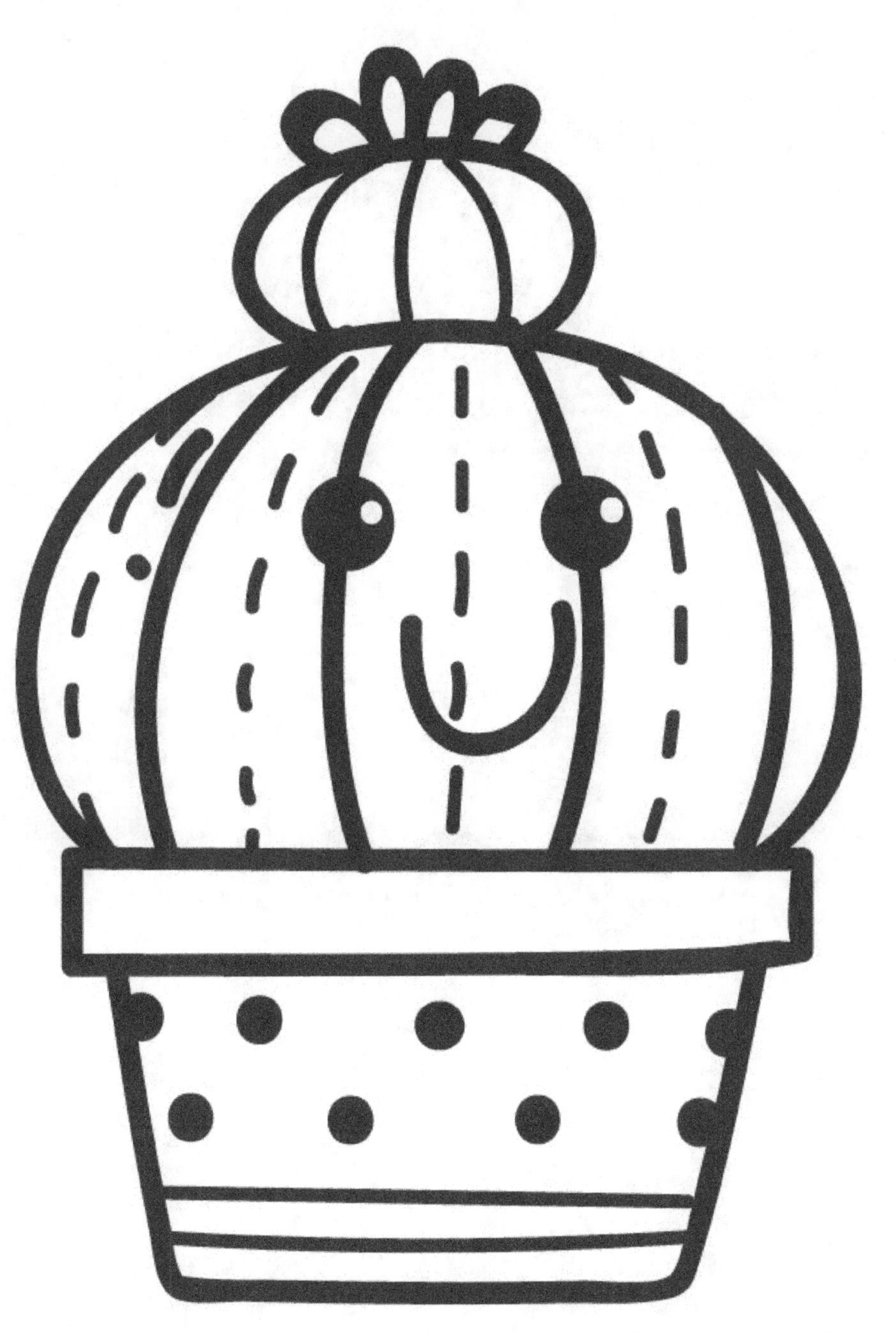

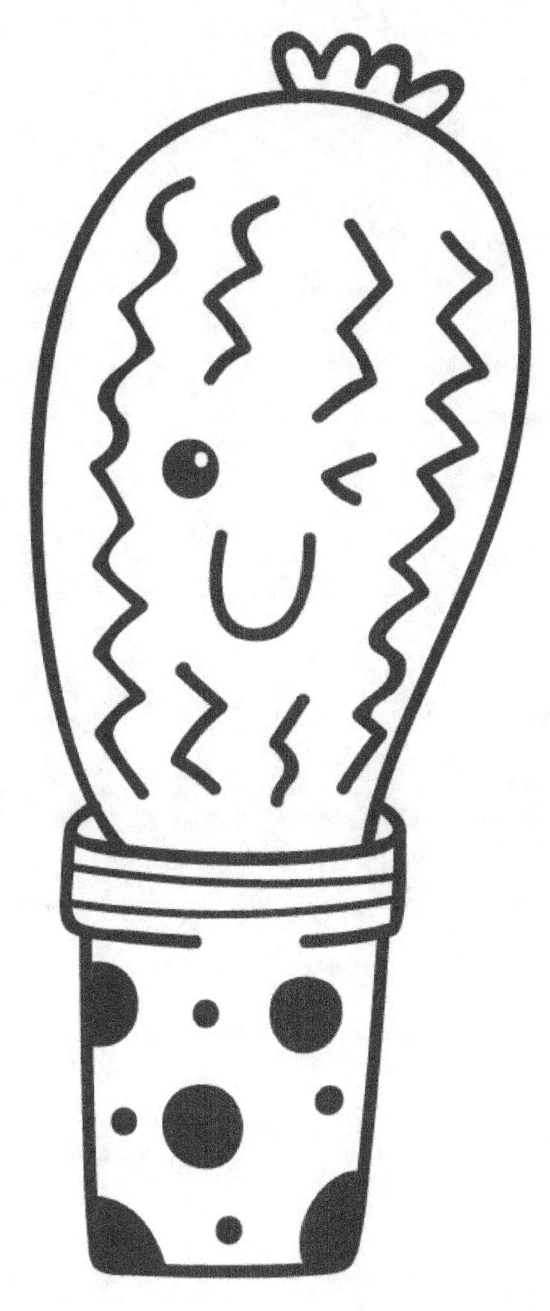

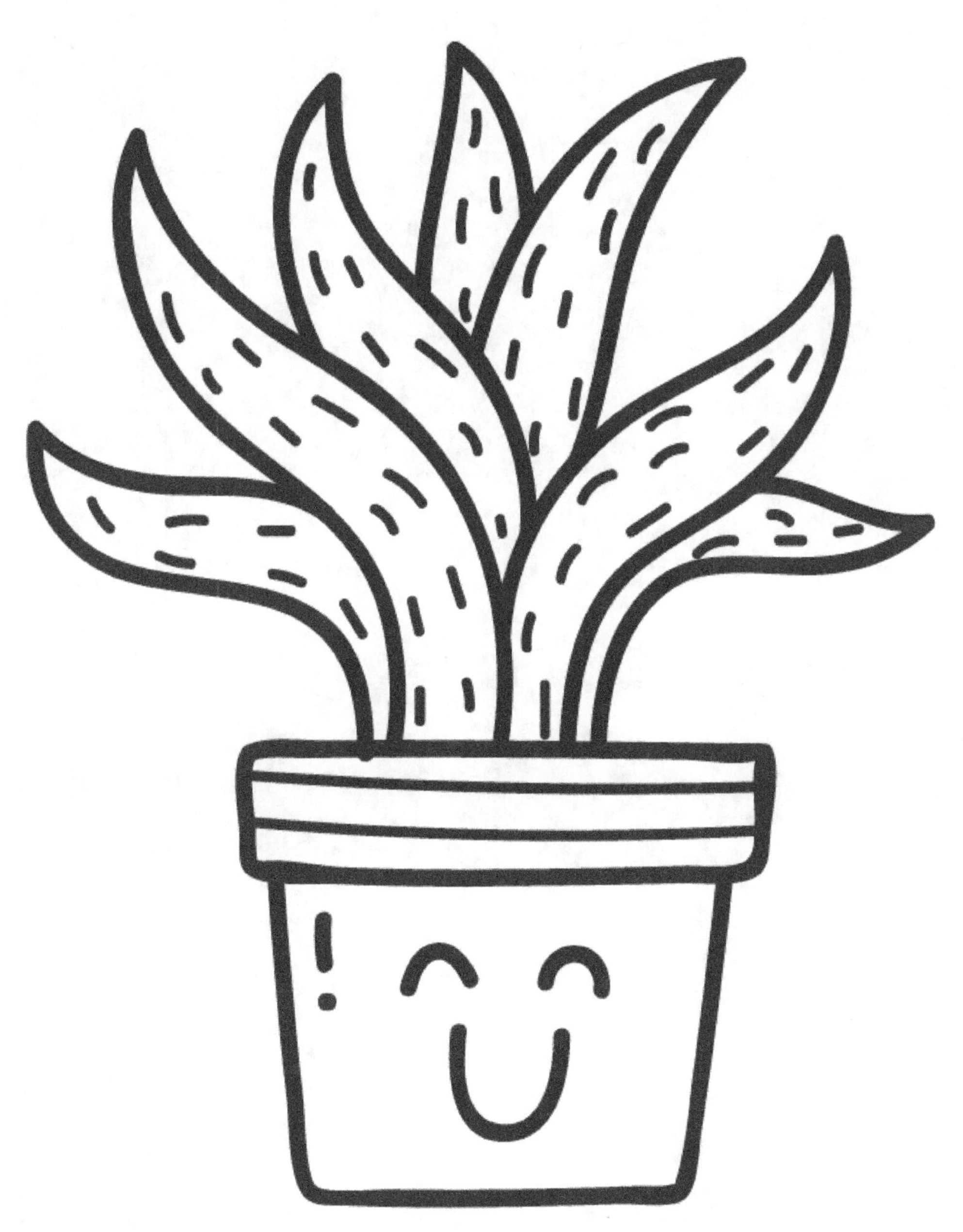

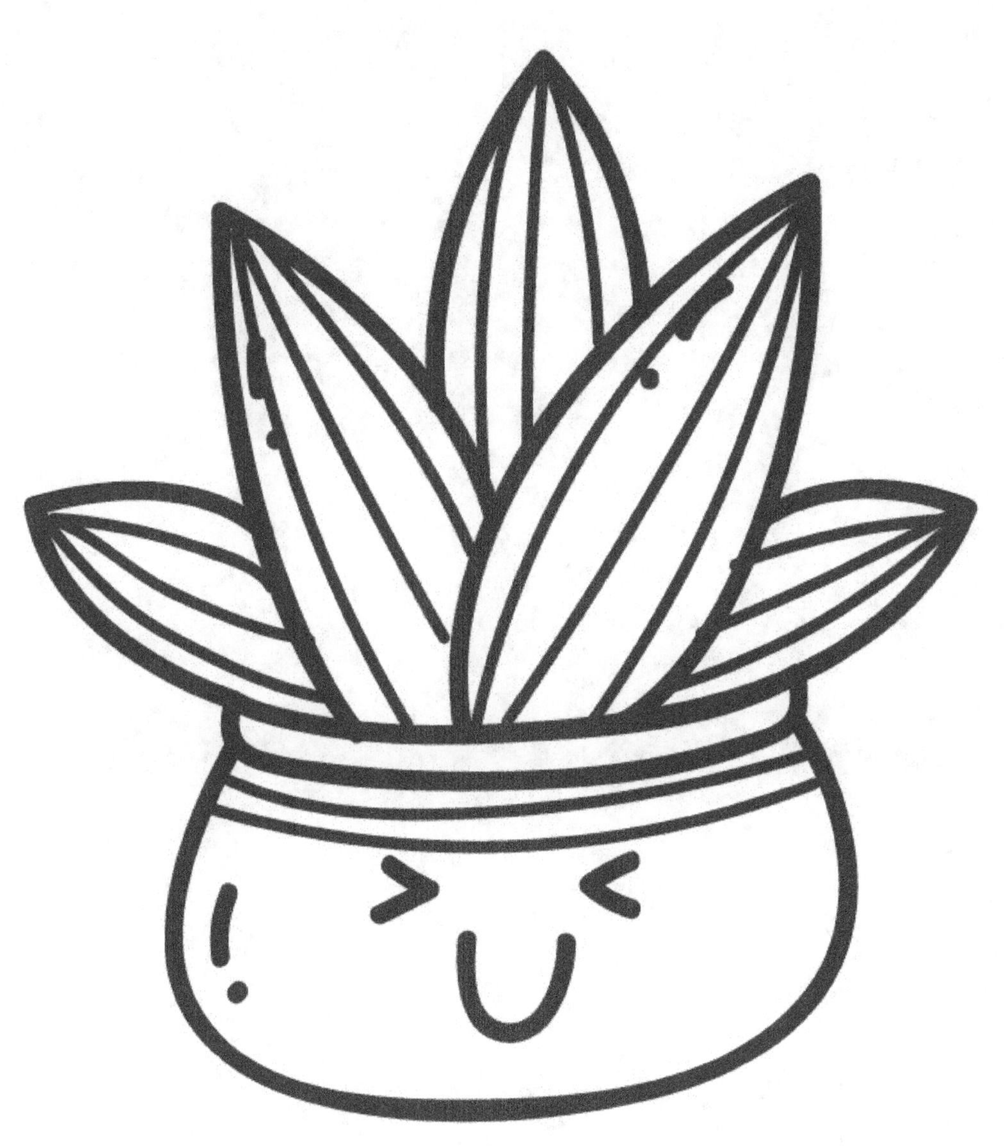

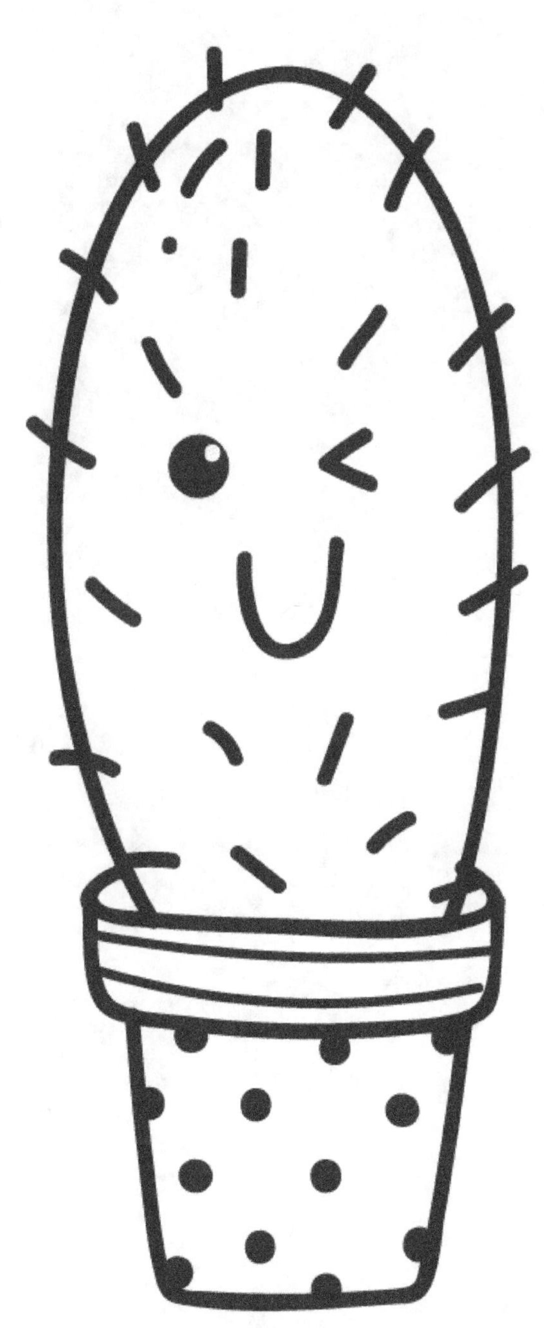

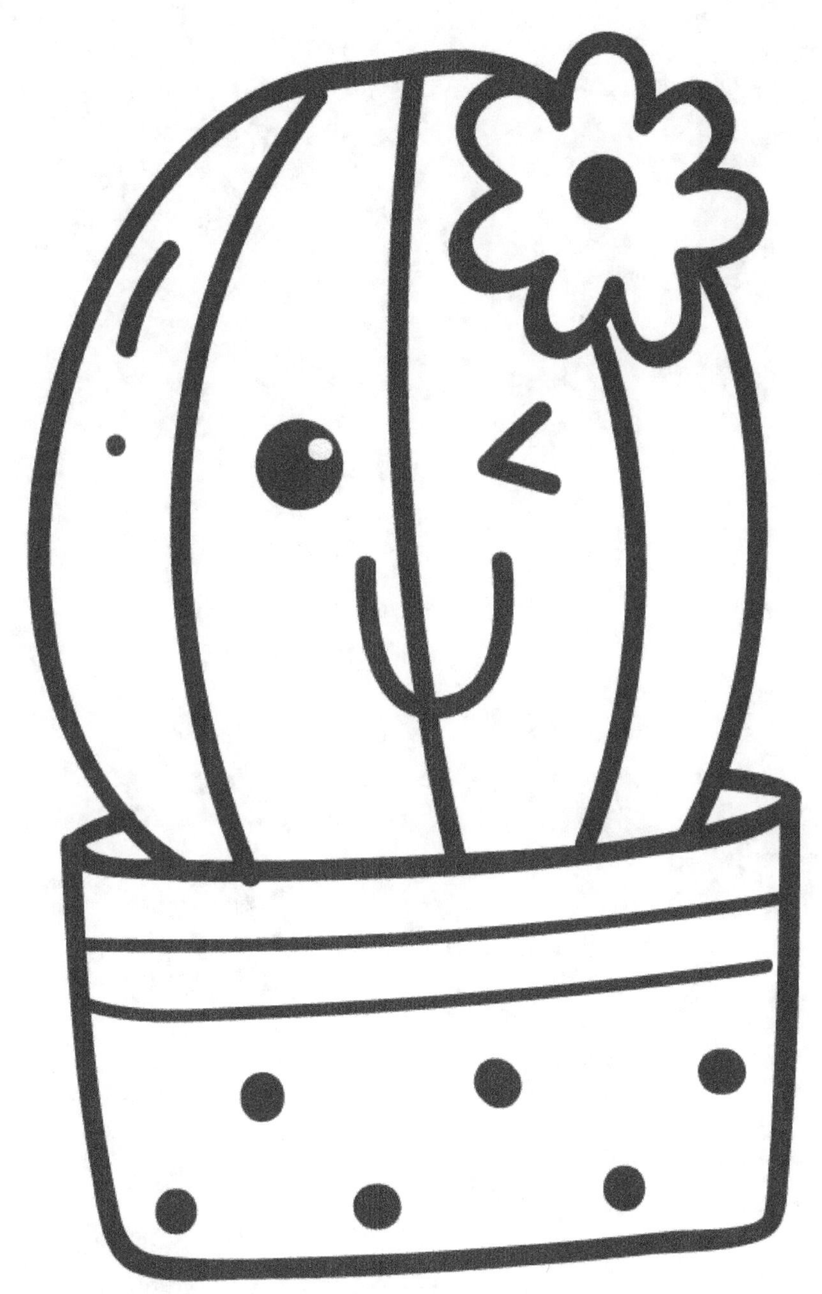

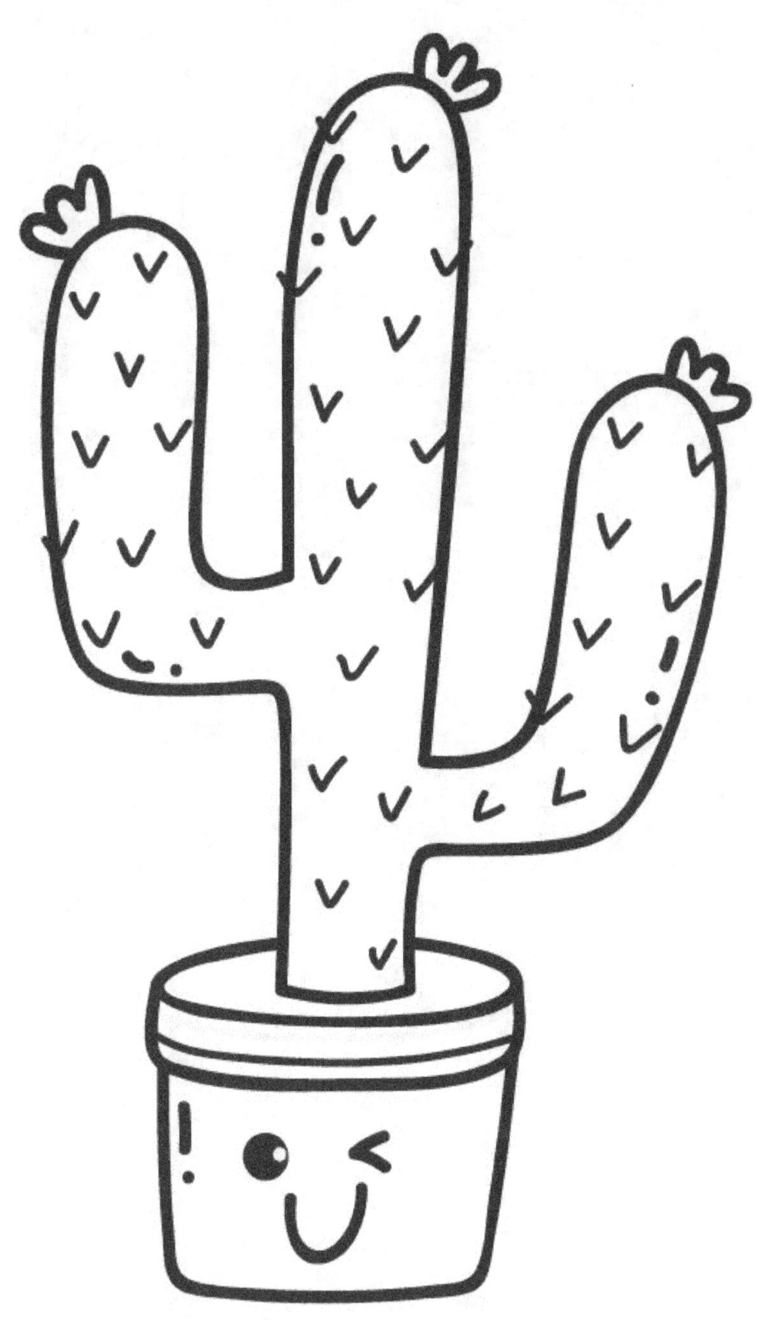

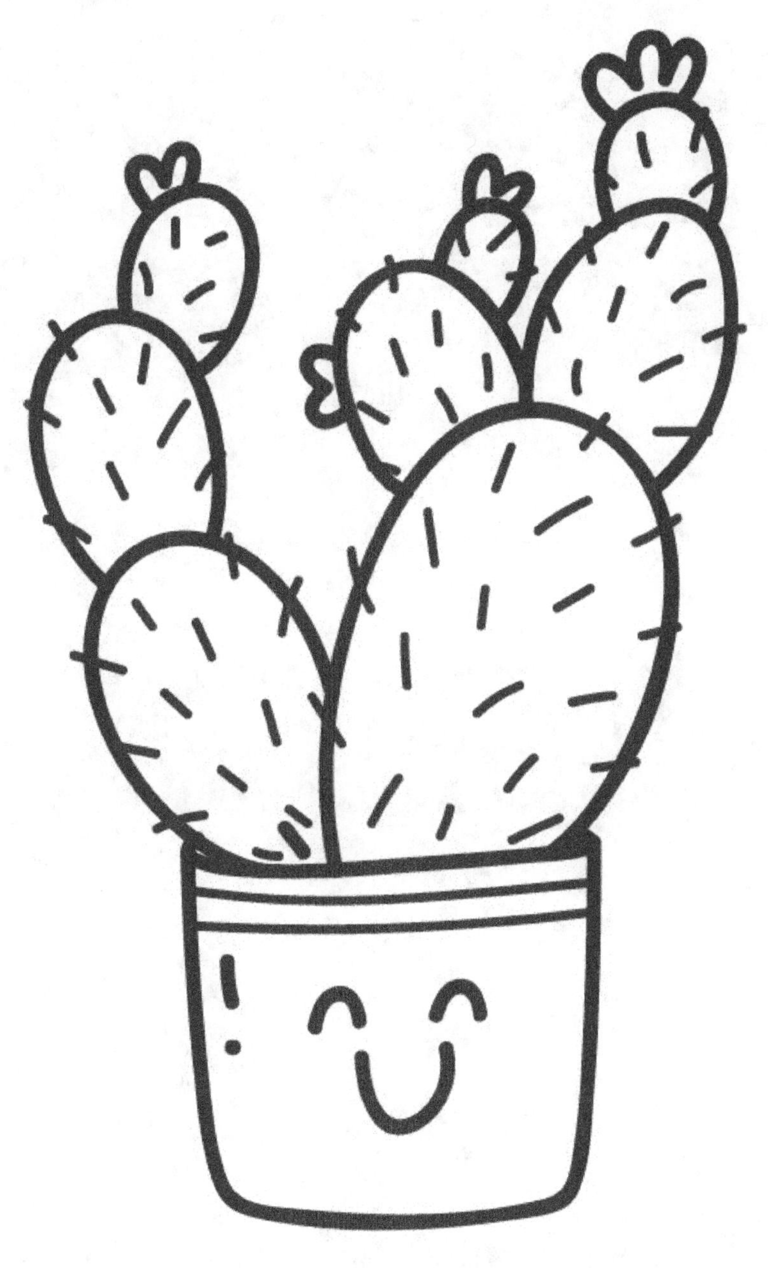

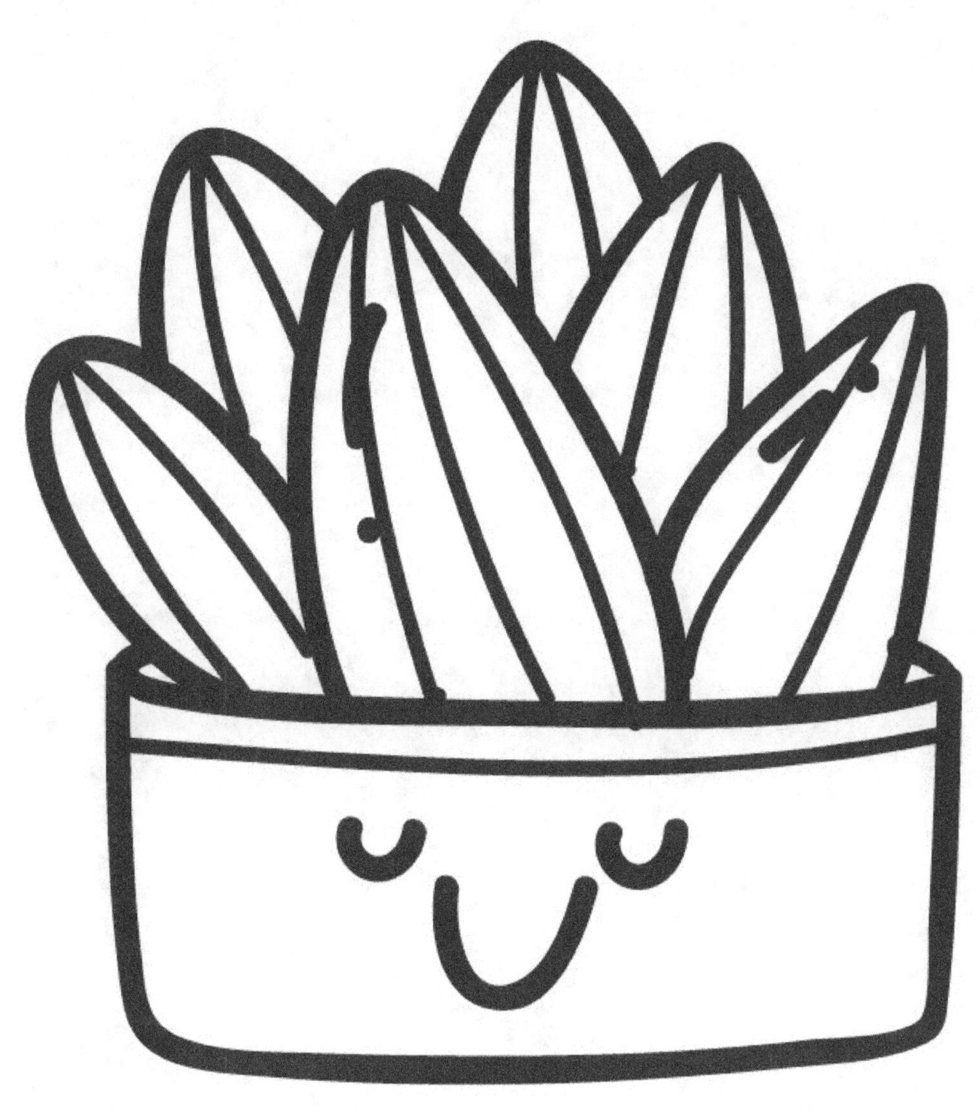

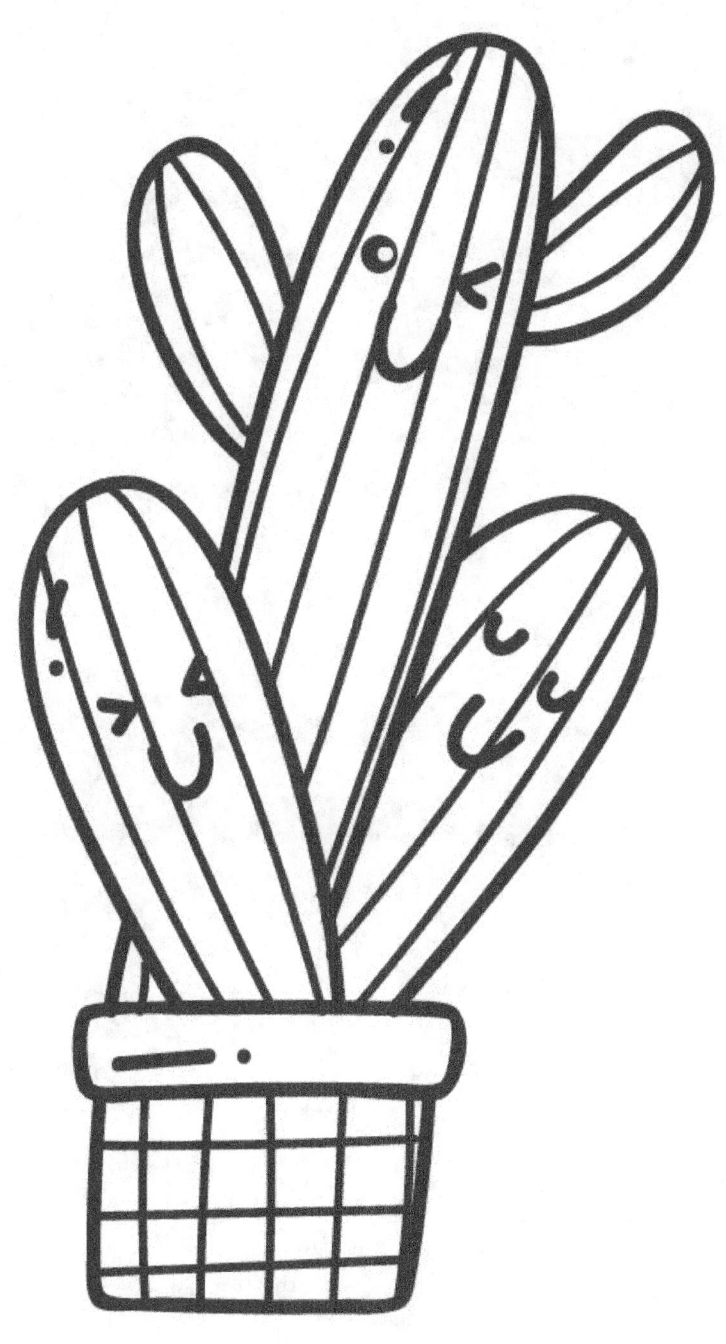

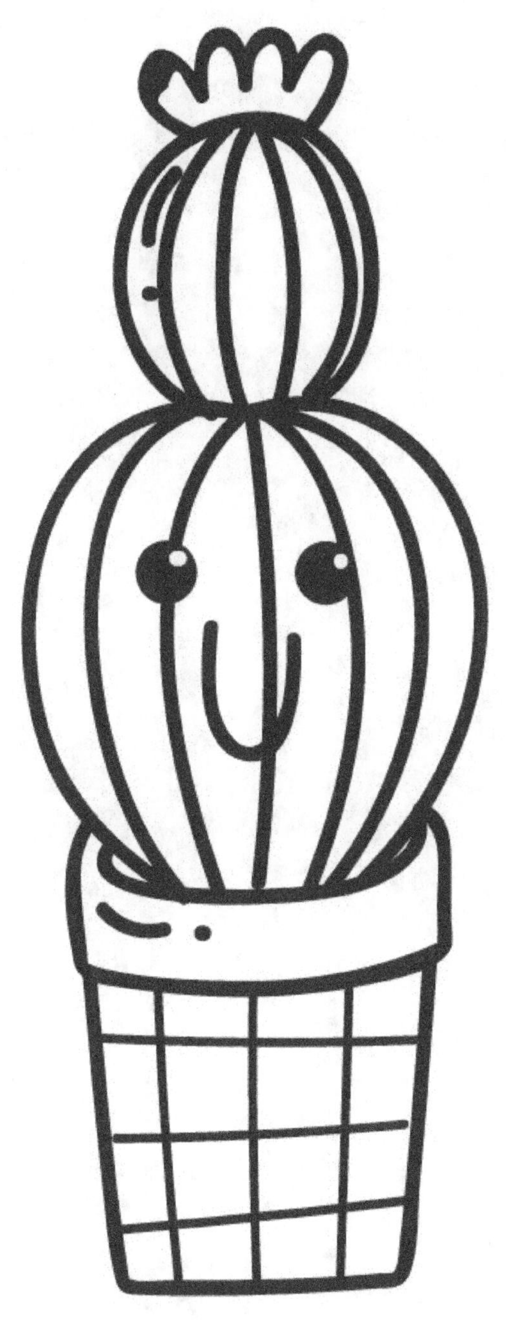

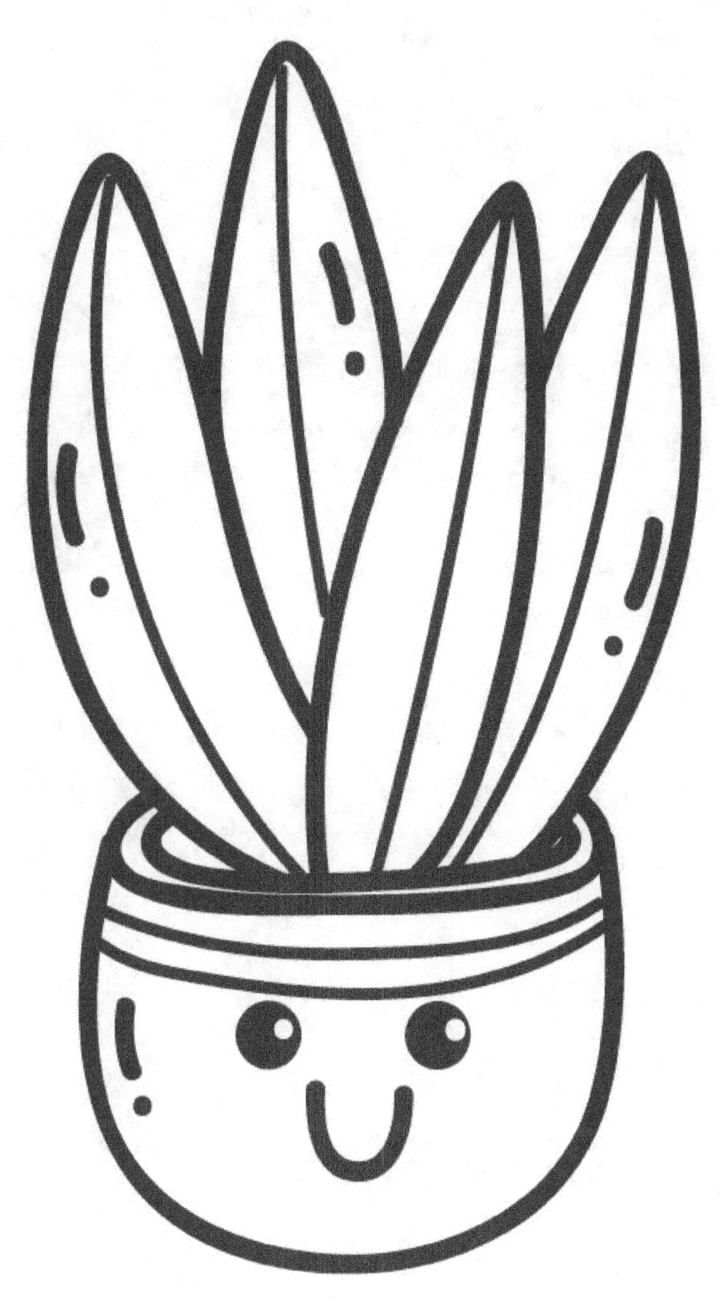

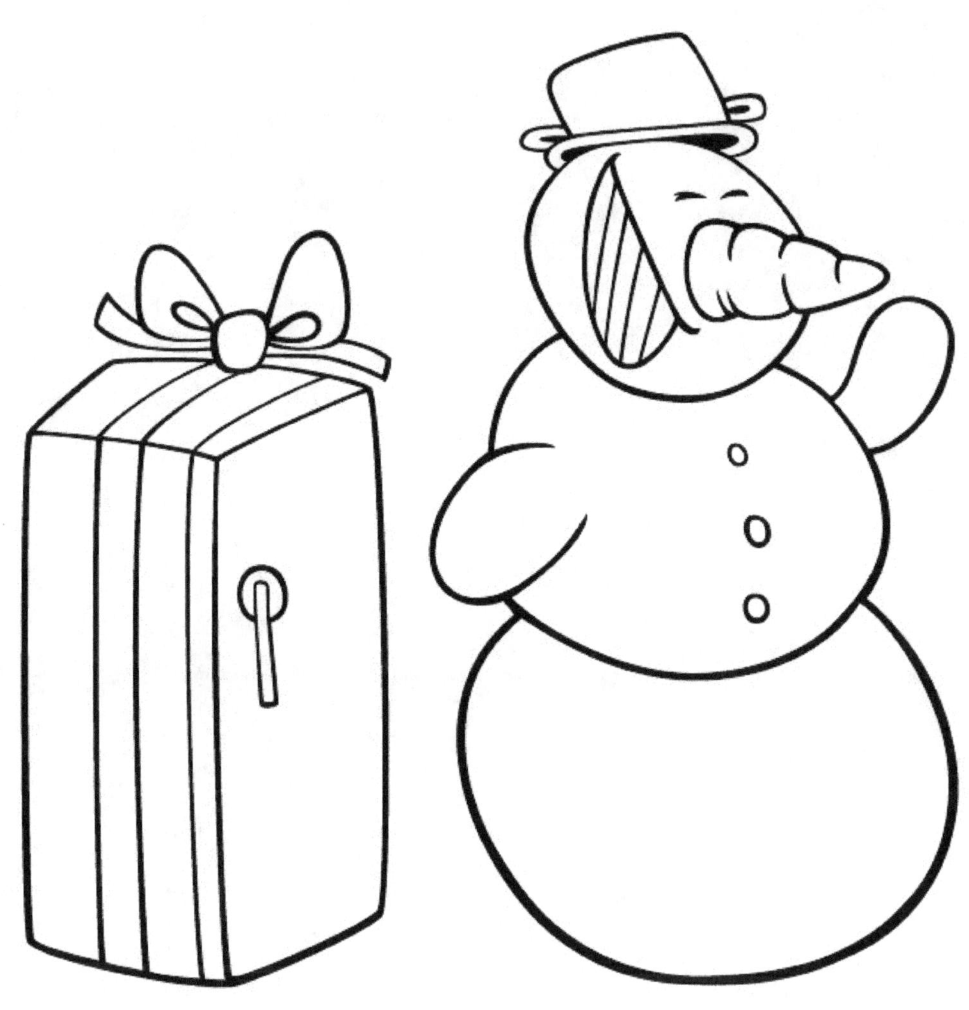

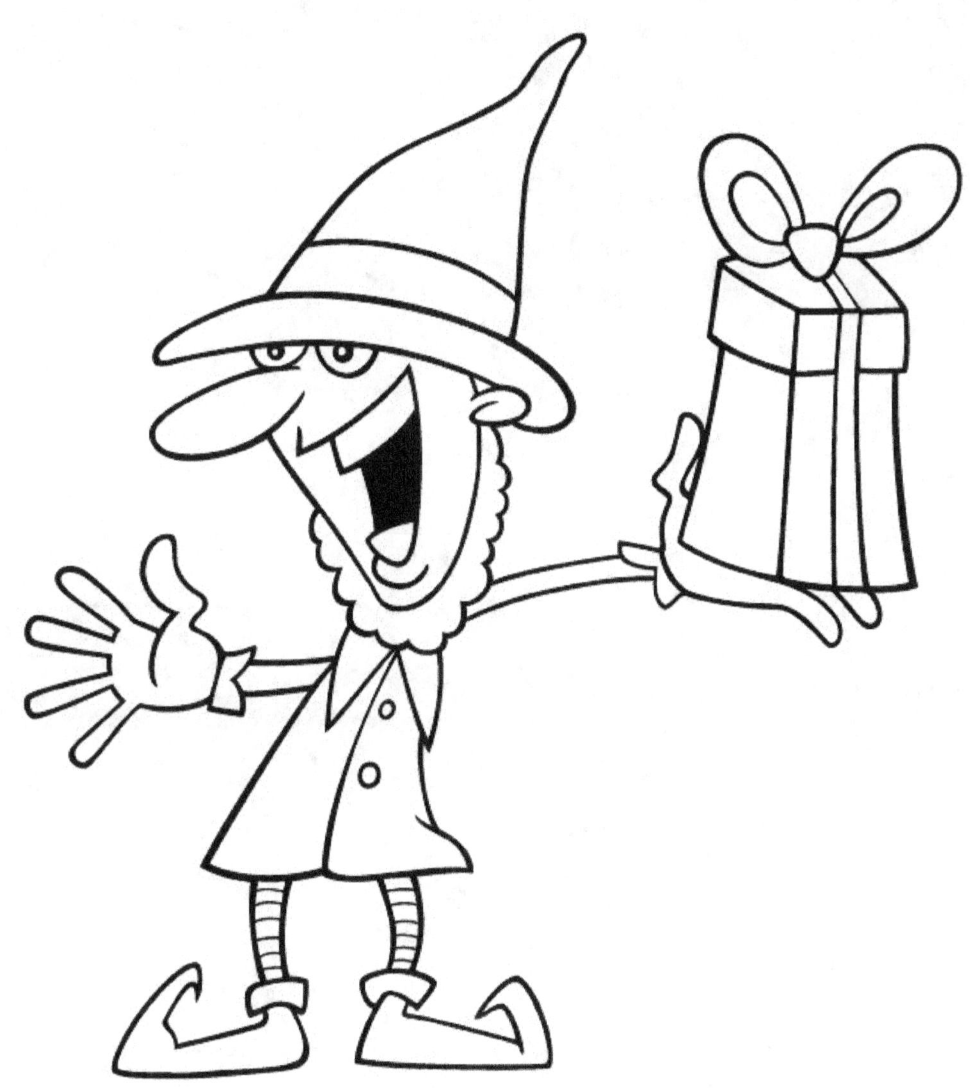

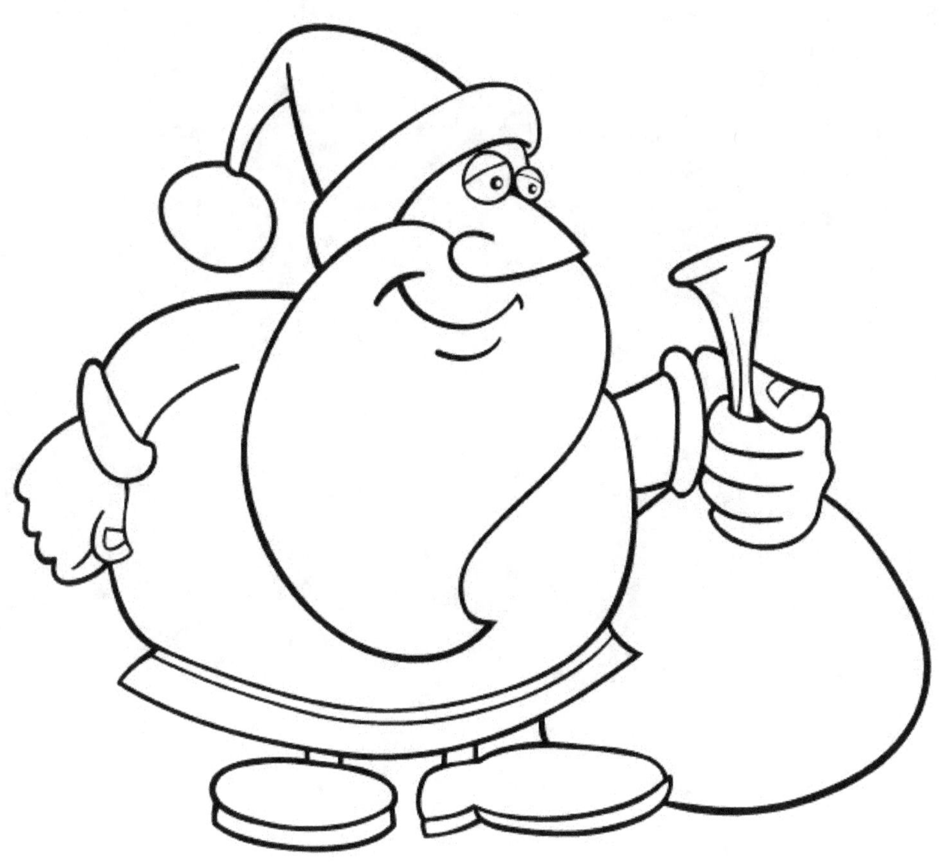

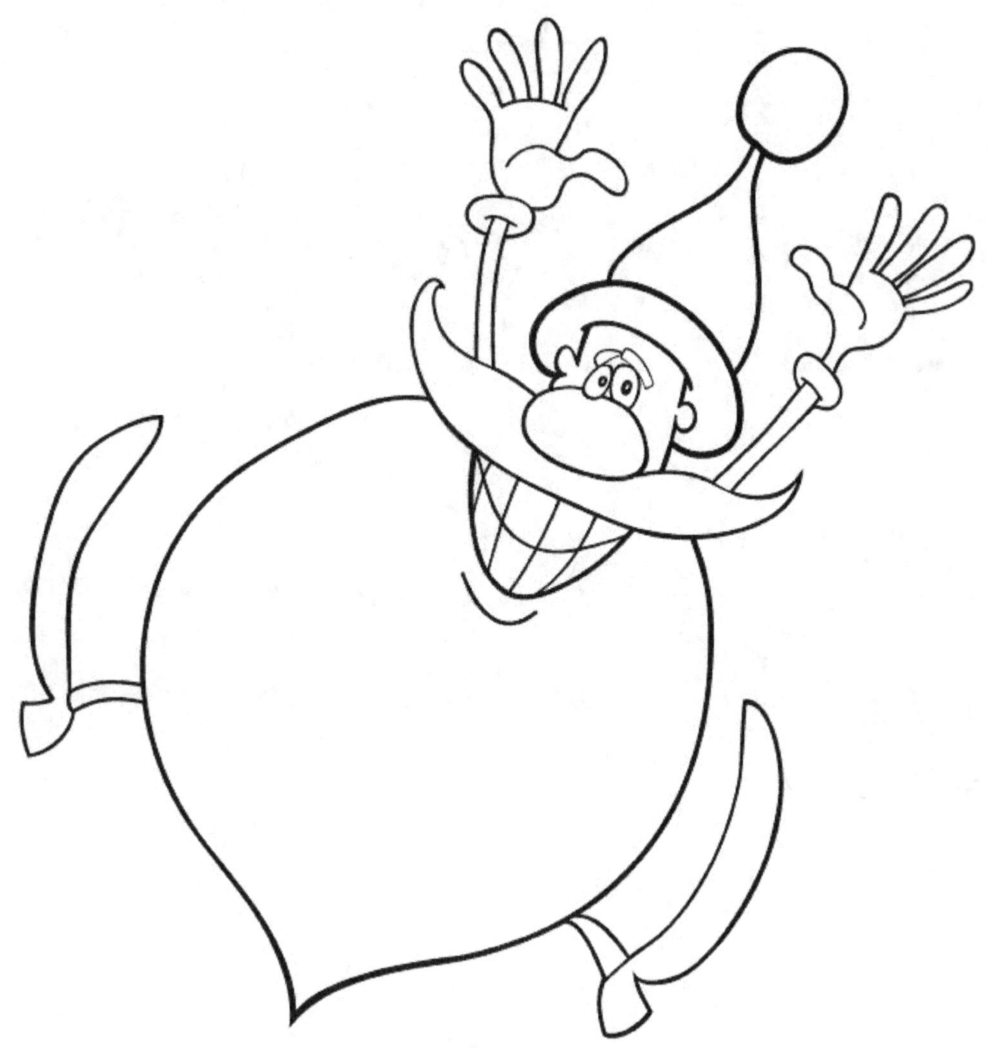

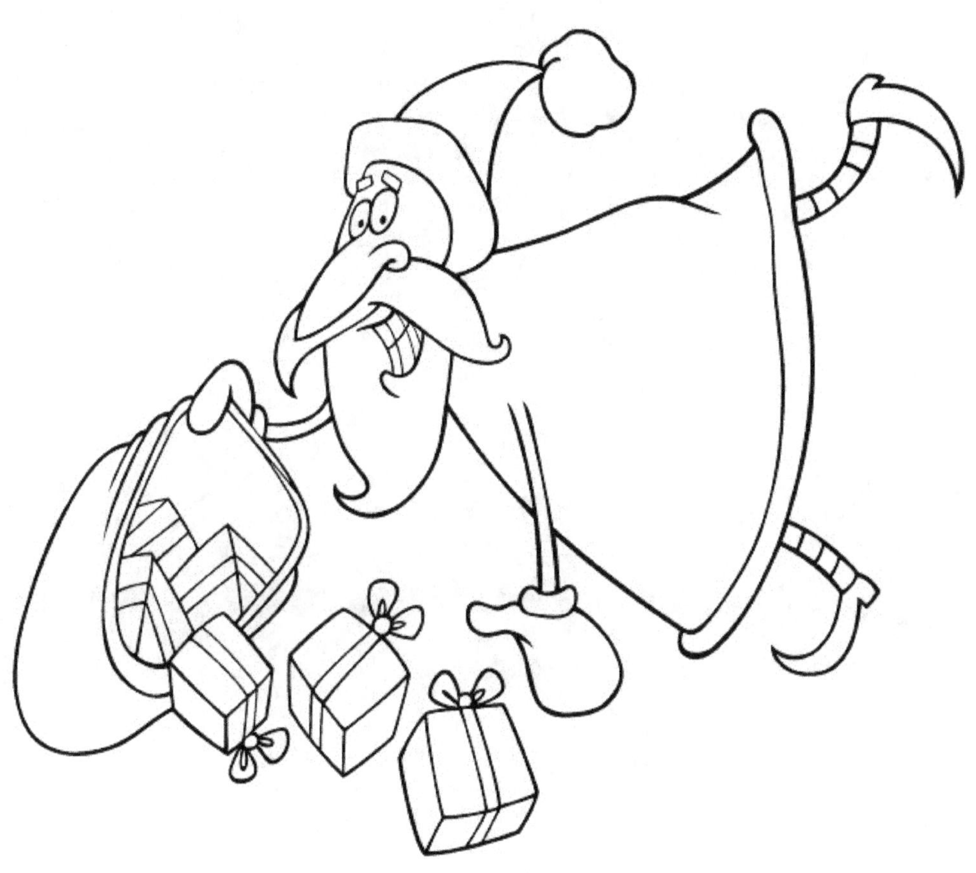

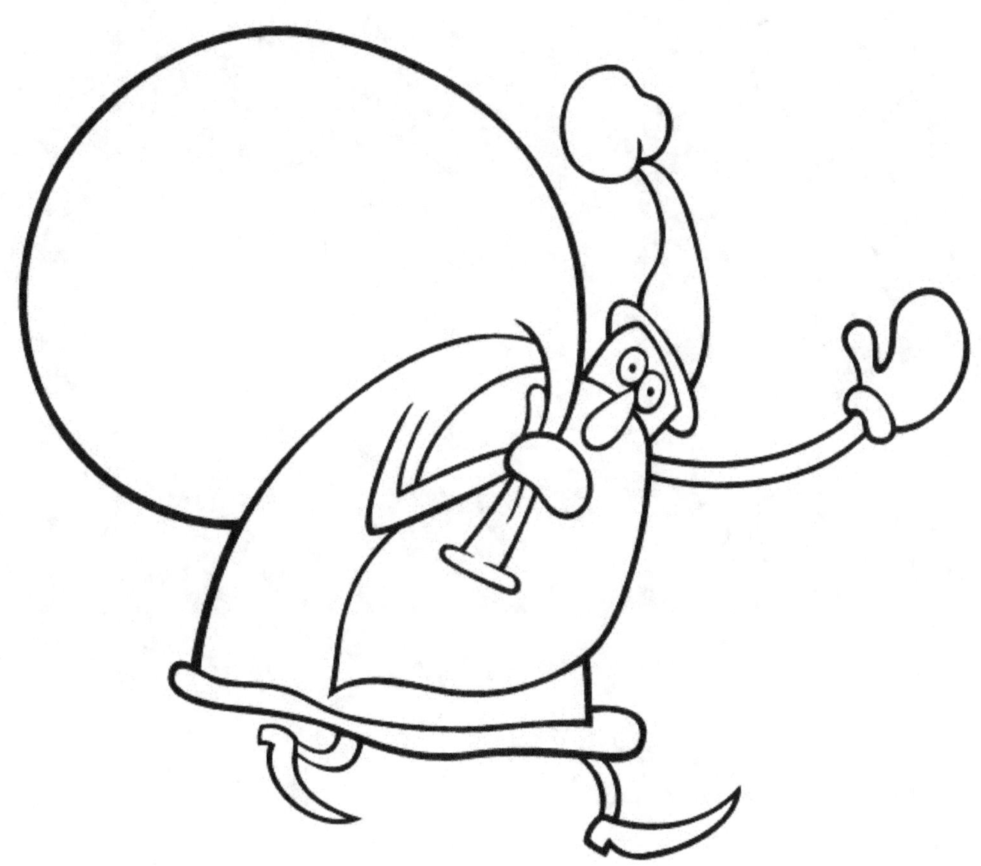

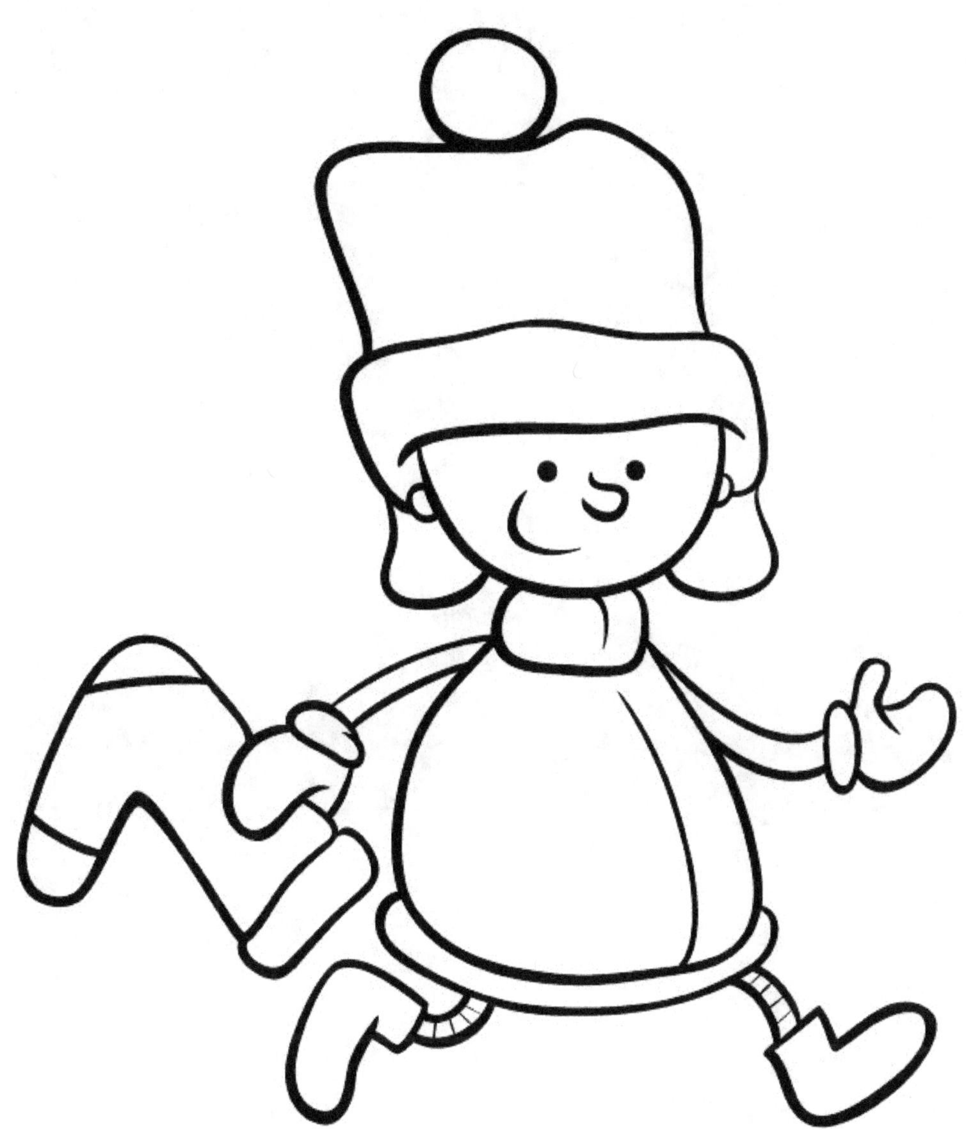

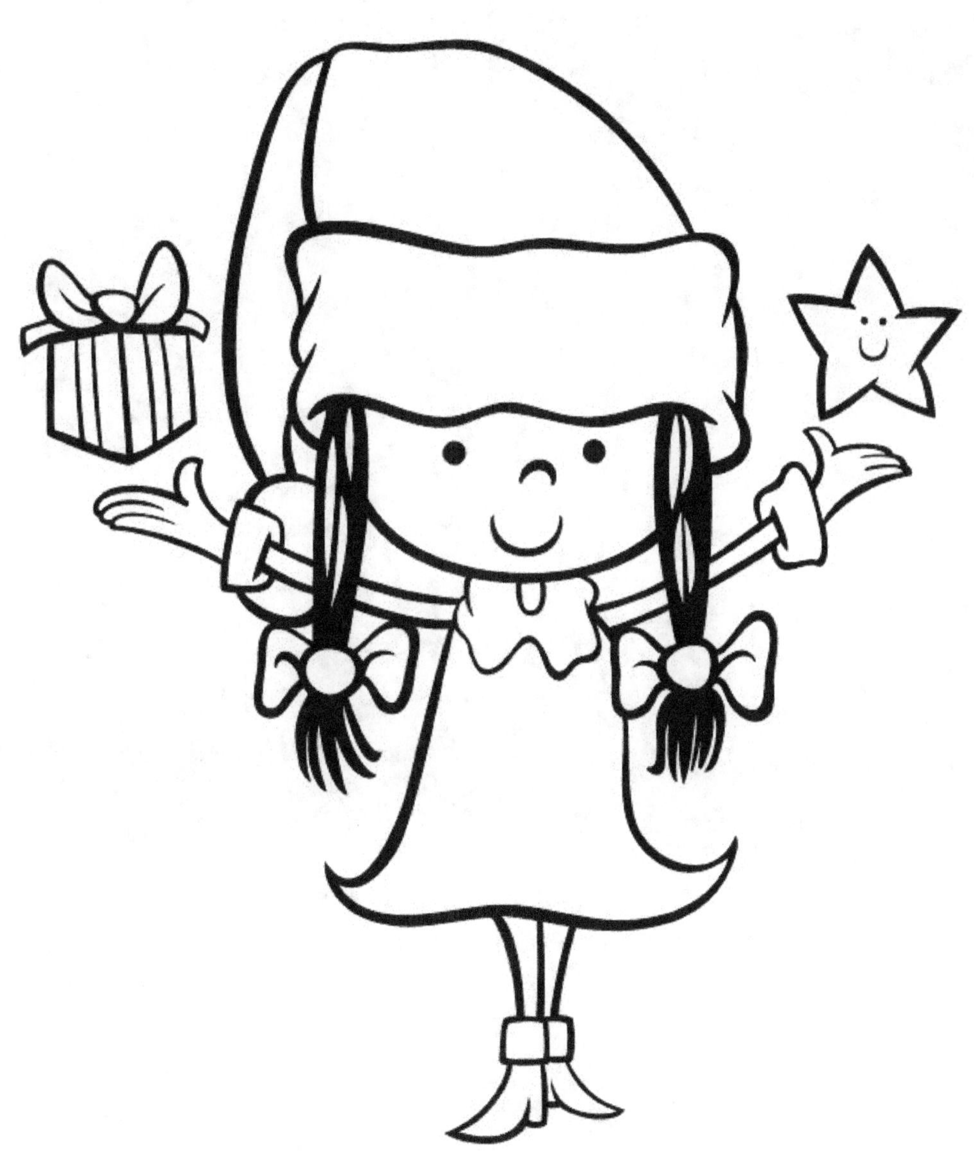

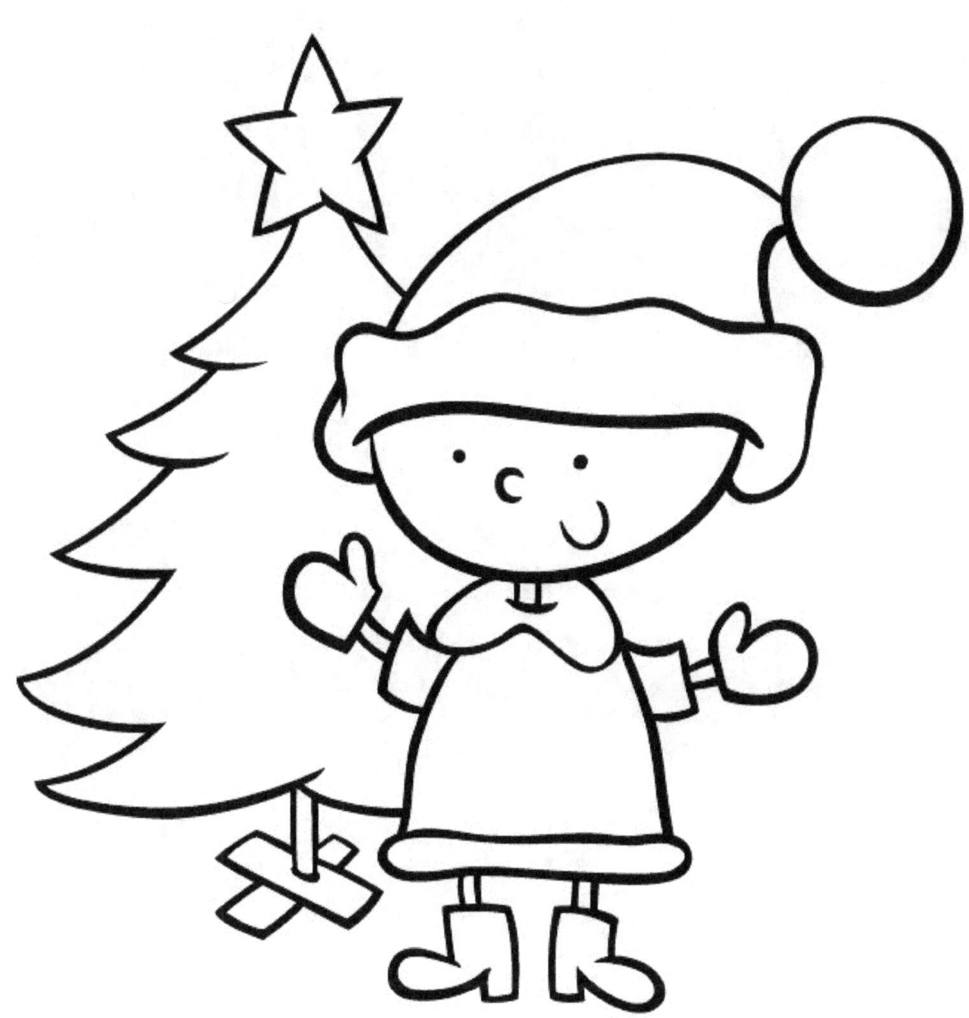

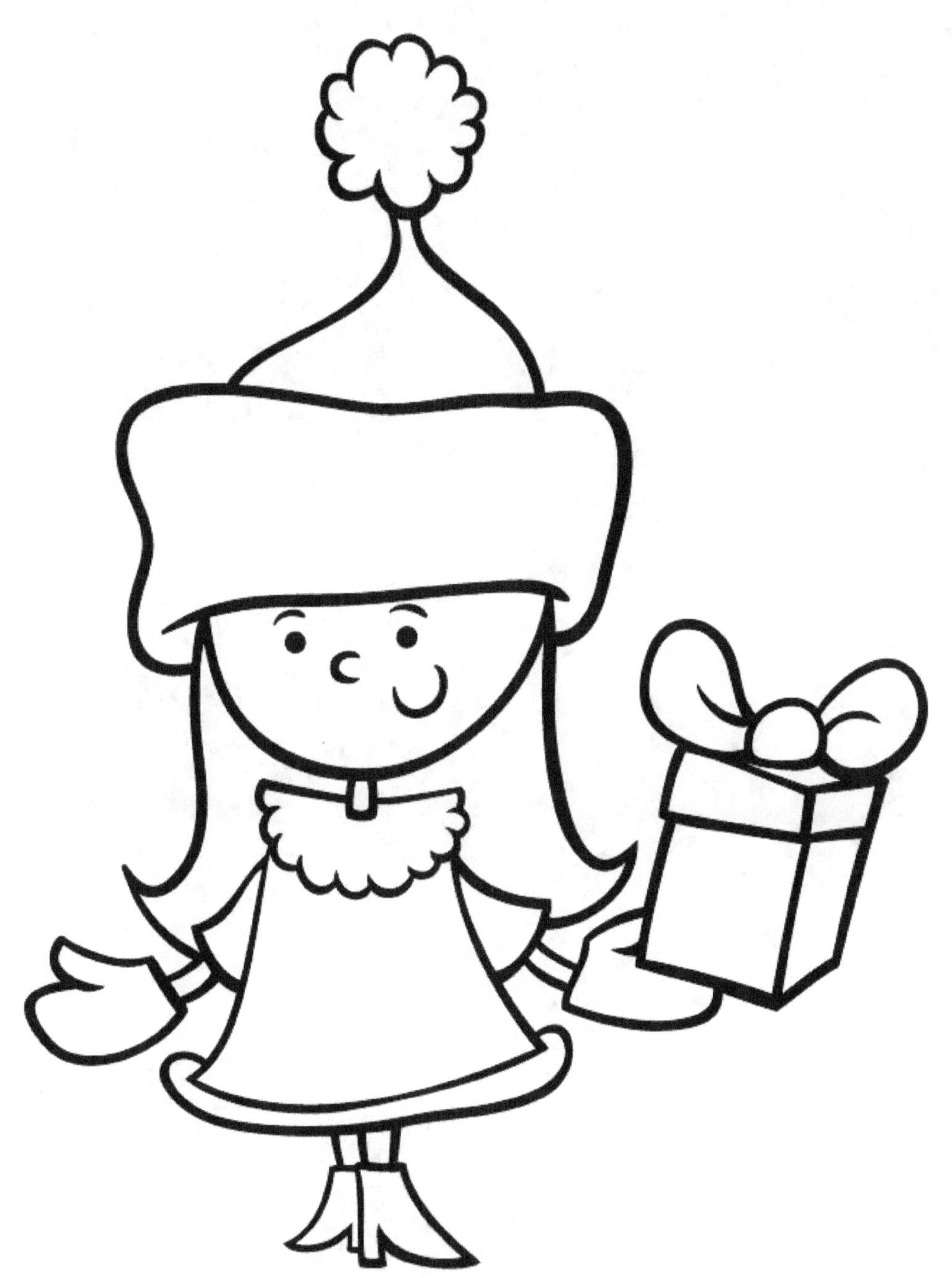

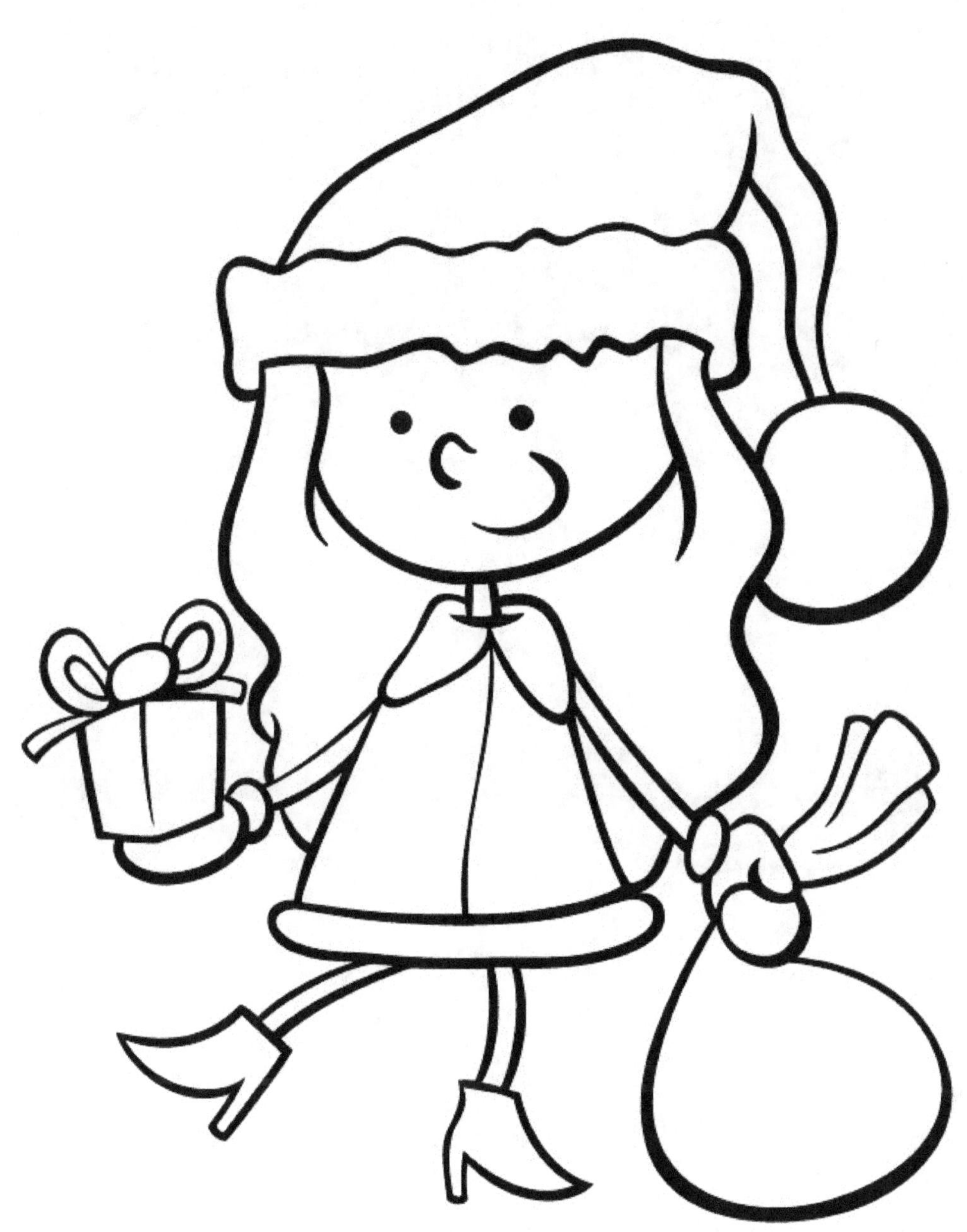

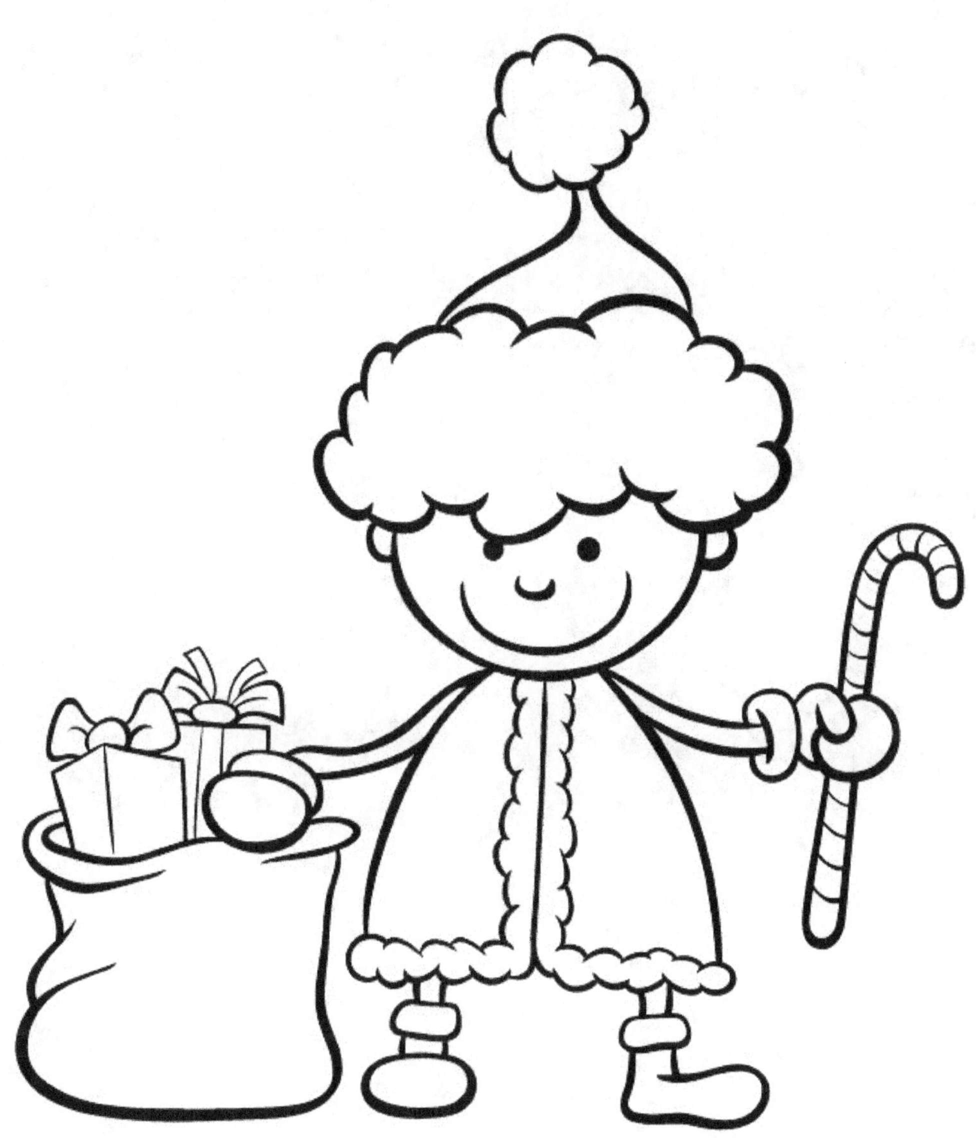

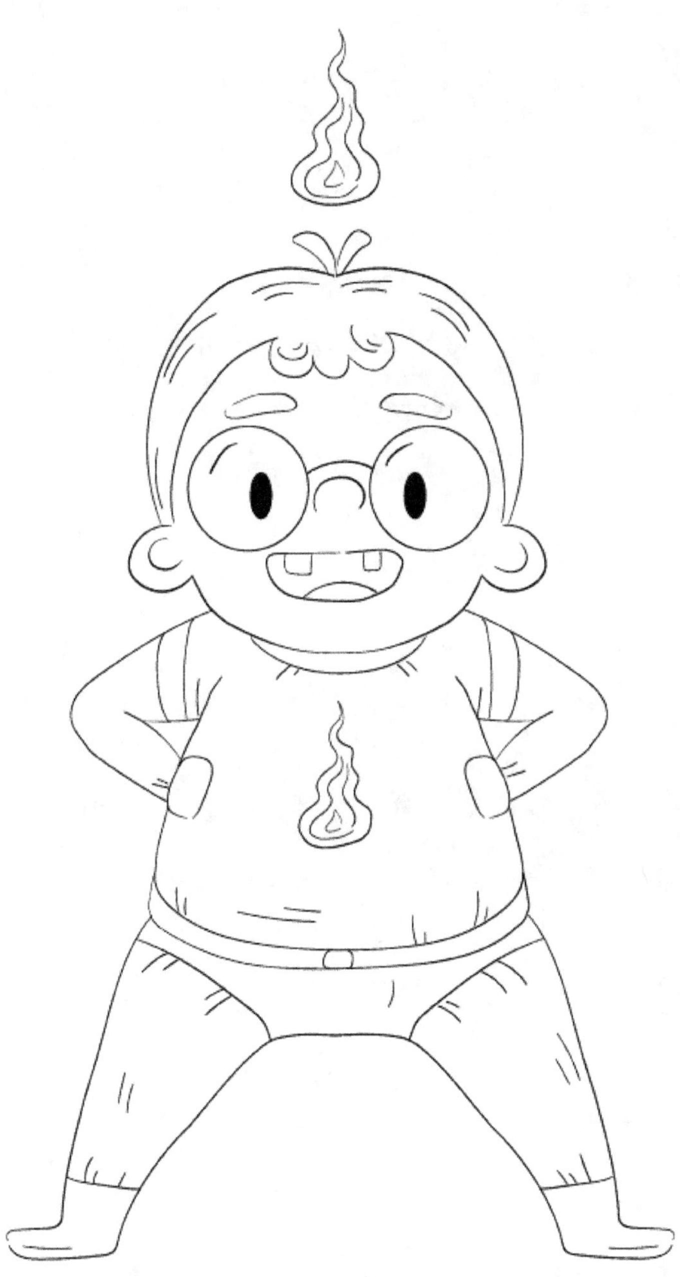

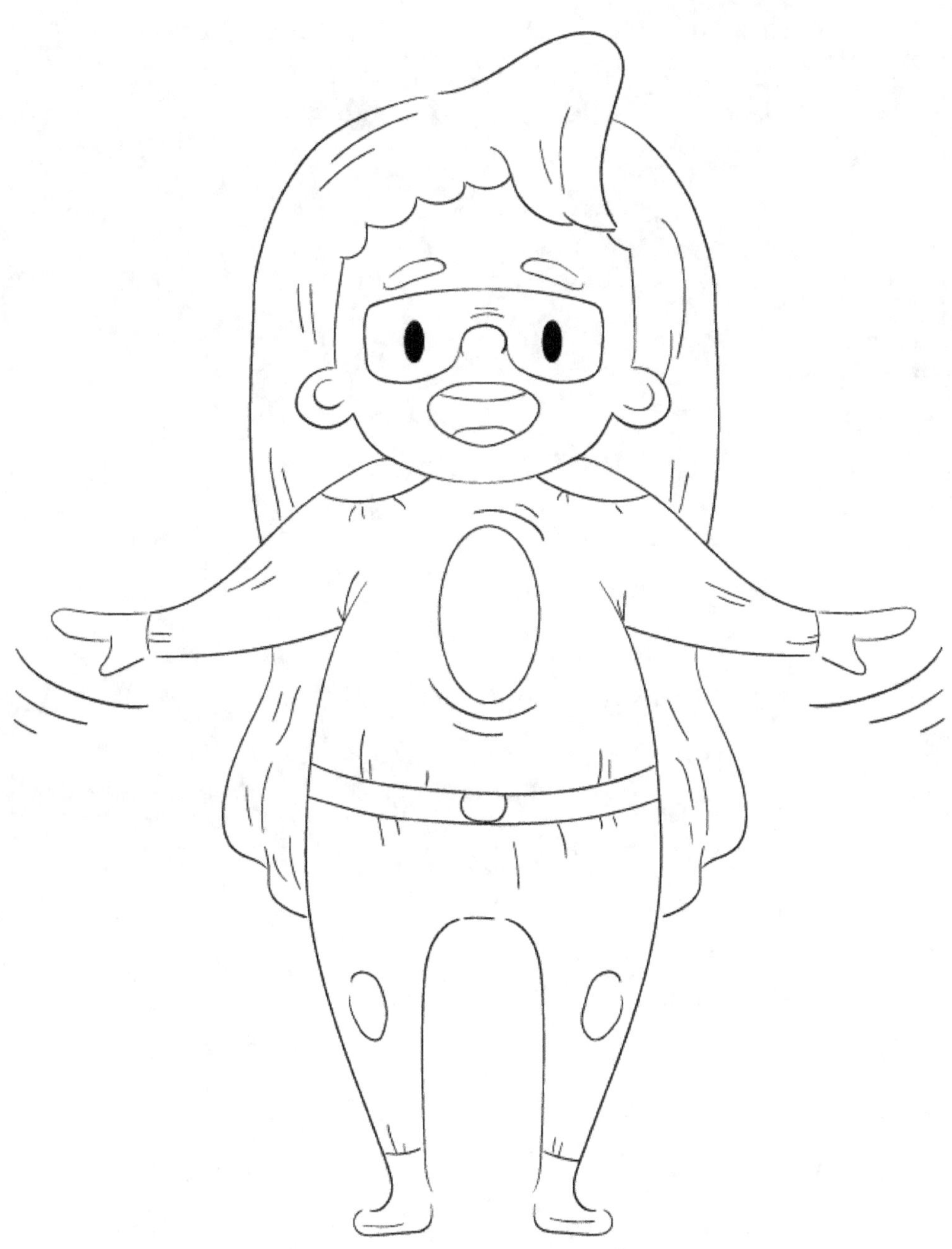

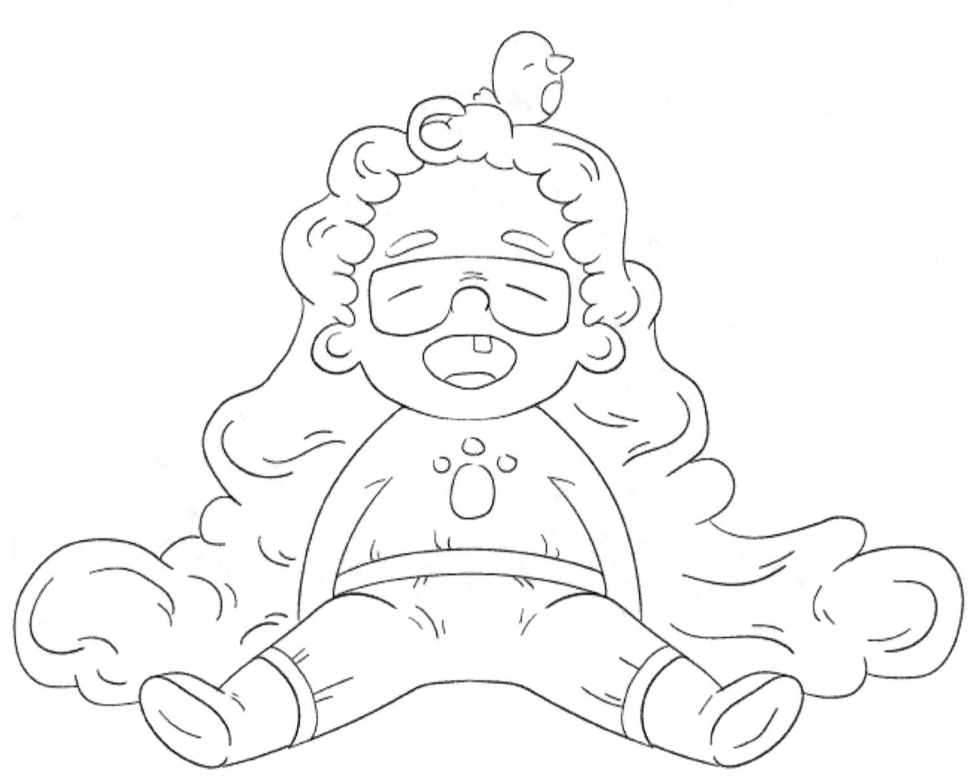

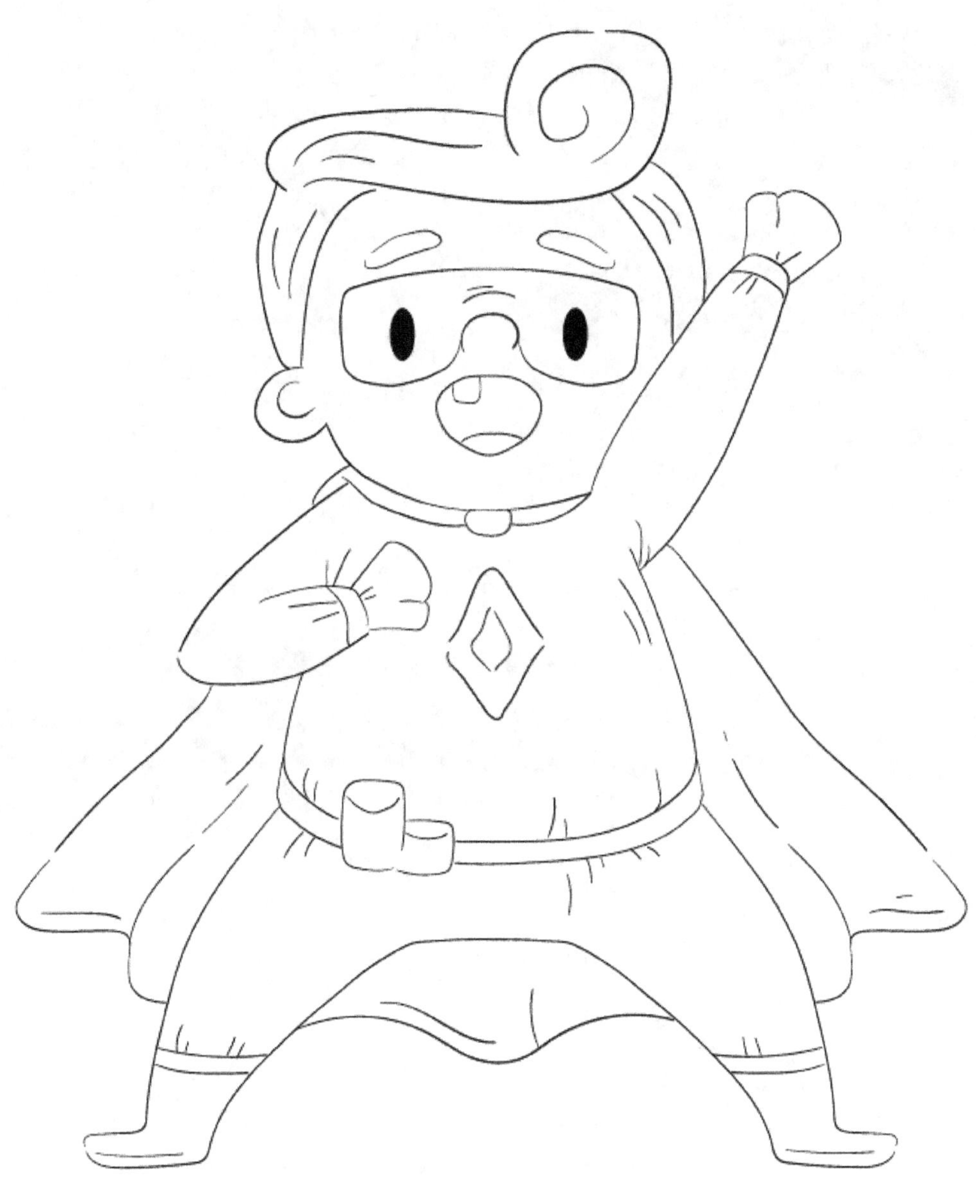

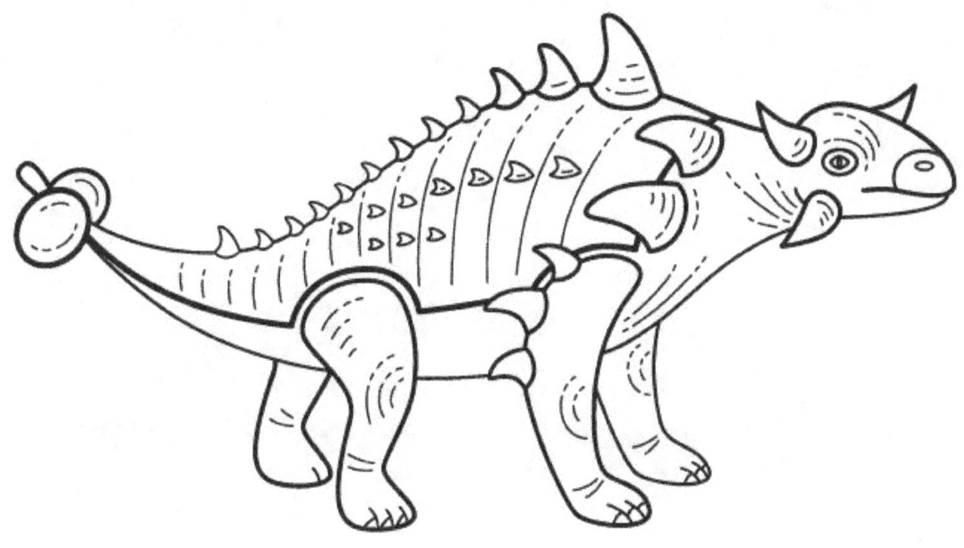

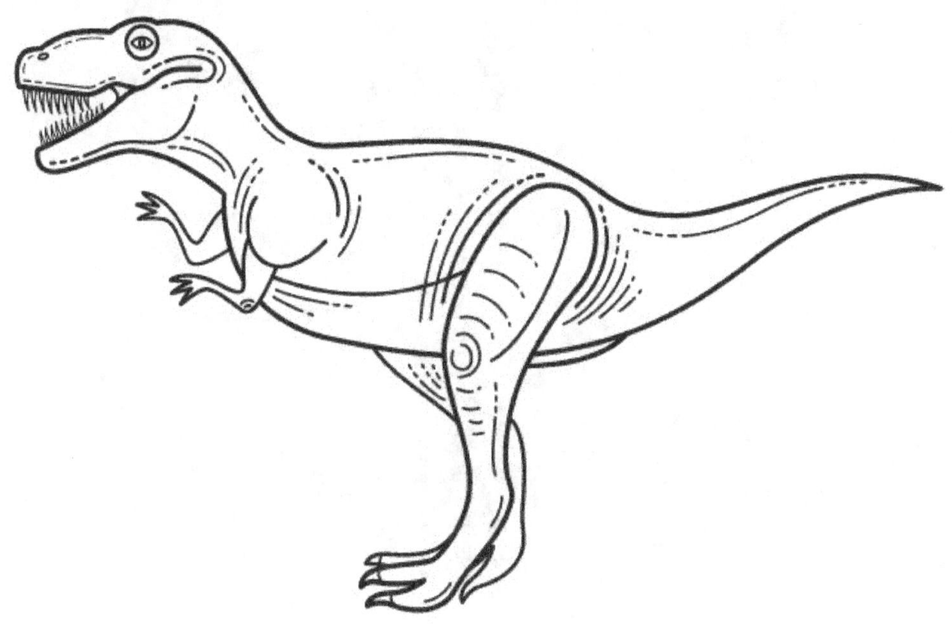

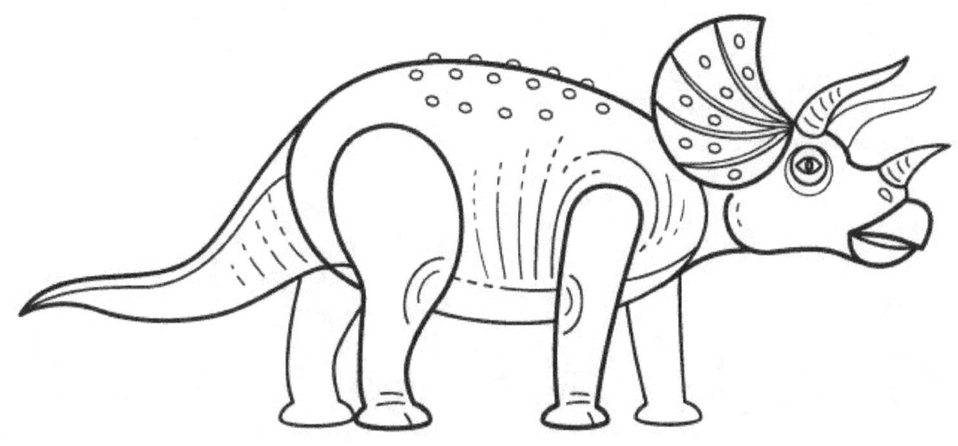

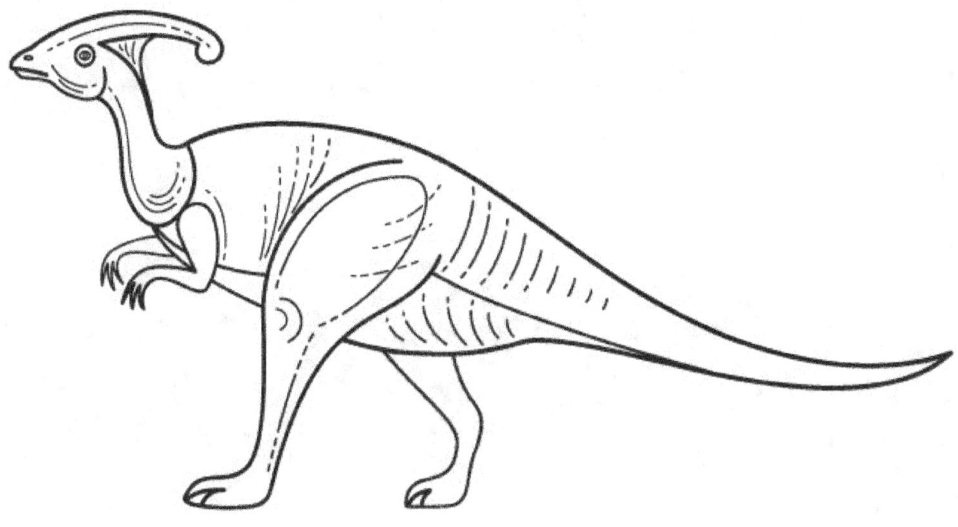

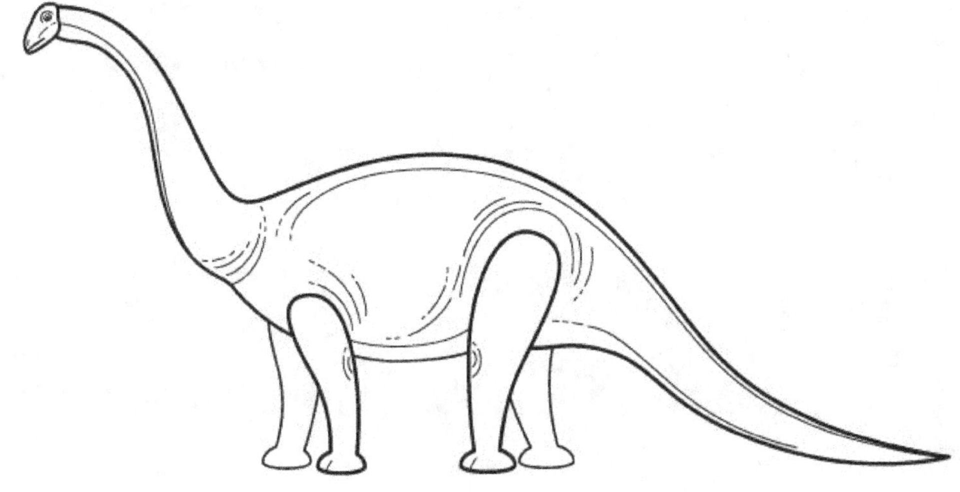

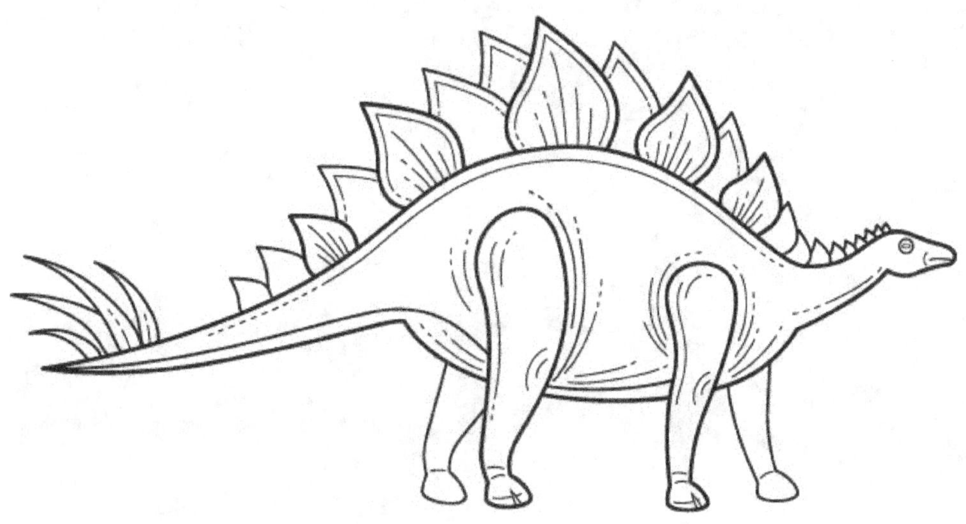